Émilie Laraison et Thomas Feller
Photographie d'Émilie Laraison et Betül Balkan

PLUTÔT QUICHES OU CAKES ?

Plutôt tartes et pizzas !

W0354610

C'est vite bon ! pour les nuls

© Éditions First, un département d'Édi8, Paris, 2024. Publié en accord avec John Wiley & Sons, Inc.

pour
les nuls

« Pour les Nuls » est une marque déposée de John Wiley & Sons, Inc.
« For Dummies » est une marque déposée de John Wiley & Sons, Inc.

Le Code de la propriété intellectuelle interdit les copies ou reproductions destinées à une utilisation collective. Tou représentation ou reproduction intégrale ou partielle faite par quelque procédé que ce soit, sans le consenteme de l'Auteur ou de ses ayants cause est illicite et constitue une contrefaçon sanctionnée par les articles L335-2 suivants du Code de la propriété intellectuelle.

ISBN : 978-2-412-09490-7
Dépôt légal : mai 2024
Imprimé en Chine
Mise en page : Nord Compo

Recettes : p. 6-43, 50-109, 112-143, 146-161, 166-181, 184-199, 202-241, 244-251 : © Émilie Laraison ; p. 44-4 110-111, 144-145, 162-163, 182-183, 200-201, 242-243 : © Thomas Feller ; p. 227, 235 : ©Istock.
Photographies des recettes : p. 7-43, 51-109, 113-143, 147-161, 167-181, 185-199, 203-241, 245-249 : © Émi Laraison ; 45-49, 111, 145, 163, 183, 201, 243 © Betül Balkan.
Stylisme : p. 7-43, 51-109, 113-143, 147-161, 167-181, 185-199, 203-241, 245-249 : © Émilie Laraison ; 45-49, 11 145, 163, 183, 201, 243 © Judith Clavel.
Photographies des ingrédients : © iStock, AdobeStock et Fotolia ; sauf mélange de noix p. 118, pâte brisée maison p. 21 214, 216 ; pâte sablée maison p. 224 ; crème pâtissière maison p. 224, pâte sablée maison p. 228 : © Émilie Laraison.

Éditions First, un département d'Édi8
92, avenue de France
75013 Paris – France
Tél. : 01 44 16 09 00
e-mail : firstinfo@efirst.com
Site Internet : www.lisez.com

Tous droits réservés. Toute reproduction, même partielle, du contenu, de la couverture ou des icônes, par quelqu procédé que ce soit (électronique, photocopie, bande magnétique ou autre) est interdite sans autorisation par éc d'Édi8.
Limites de responsabilité et de garantie. L'auteur et l'éditeur de cet ouvrage ont consacré tous leurs efforts à pr parer ce livre. Édi8 et les auteurs déclinent toute responsabilité concernant la fiabilité ou l'exhaustivité du conter de cet ouvrage. Ils n'assument pas de responsabilité pour ses qualités d'adaptation à quelque objectif que ce so et ne pourront être en aucun cas tenus responsables pour quelque perte, profit ou autre dommage commercial qu ce soit, notamment mais pas exclusivement particulier, accessoire, conséquent, ou autre.
Marques déposées. Toutes les informations connues ont été communiquées sur les marques déposées pour l produits, services et sociétés mentionnés dans cet ouvrage. Édi8 décline toute responsabilité quant à l'exhaustiv et à l'interprétation des informations. Tous les autres noms de marques et de produits utilisés dans cet ouvra sont des marques déposées ou des appellations commerciales de leur propriétaire respectif. Édi8 n'est lié à auc produit ou vendeur mentionné dans ce livre.

Bases

Pâte brisée

PRÉPARATION **: 15 MINUTES**
REPOS **: 1 HEURE**

×6

LISTE DE COURSES

250 g de farine

125 g de beurre demi-sel

1 pincée de sel

1 jaune d'œuf

❶ Dans un récipient, mélangez la farine, le sel et le beurre coupé en dés.

❷ Travaillez la pâte avec les doigts en malaxant bien. Formez un puits au centre, ajoutez le jaune d'œuf et 2 cuil. à soupe d'eau froide et mélangez de façon à obtenir une pâte homogène.

❸ Formez une boule, recouvrez de film alimentaire et laissez reposer 1 h, puis étalez au rouleau entre deux feuilles de papier sulfurisé.

Pâte à tarte salée

PRÉPARATION : **20 MINUTES**
REPOS : **2 HEURES**
CUISSON : **40 MINUTES**

×**4**

LISTE DE COURSES

125 g de beurre

250 g de farine

12,5 cl d'eau

❶ Coupez le beurre en morceaux. Mélangez la farine et 1 cuil. à café de sel dans un saladier. Ajoutez le beurre.

❷ Mélangez jusqu'à obtenir une consistance sableuse. Ajoutez l'eau petit à petit, tout en mélangeant.

❸ Formez une boule, enveloppez d'un film alimentaire et laissez reposer 2 h au frais.

❹ Préchauffez le four à 200 °C (th. 6-7). Étalez la pâte et enfournez pour 35 à 40 min.

Pâte à tarte express

PRÉPARATION : **10 MINUTES** ×6

LISTE DE COURSES

250 g de farine

125 g de beurre demi-sel

30 g de sucre

½ sachet de levure

1 pincée de sel

❶ Dans une casserole, mettez le sucre, le beurre en morceaux et 6 cuil. à soupe d'eau. Faites fondre doucement, puis portez brièvement à ébullition.

❷ Hors du feu, ajoutez la farine, la levure et le sel et mélangez avec une cuillère en bois jusqu'à l'obtention d'une boule de pâte.

❸ Étalez la pâte encore chaude du bout des doigts dans un moule à tarte (il n'est pas nécessaire de beurrer ce dernier).

Pâte à tarte light

PRÉPARATION : **15 MINUTES**
REPOS : **1 HEURE**

×6

LISTE DE COURSES

200 g de farine

1 œuf

100 g de fromage blanc
à 0 % de MG

2 cuil. à soupe de sucre complet

❶ Mélangez tous les ingrédients dans un saladier et pétrissez à la main.

❷ Formez une boule, filmez-la et laissez reposer 1 h à température ambiante.

❸ Cette pâte peut se conserver 1 journée au réfrigérateur.

Pâte à tarte sans gluten

PRÉPARATION : **15 MINUTES** ×6

LISTE DE COURSES

150 g de farine de riz semi-complet

100 g de farine de sarrasin

125 g de beurre demi-sel

1 pincée de sel

1 œuf

❶ Dans un récipient, mélangez les farines, le sel et le beurre coupé en dés.

❷ Travaillez la pâte avec les doigts en malaxant bien. Ajoutez l'œuf et 2 cuil. à soupe d'eau froide, puis mélangez de façon à obtenir une pâte homogène.

❸ Formez une boule et étalez la pâte au rouleau entre deux feuilles de papier sulfurisé avant de la déposer dans un moule beurré.

Pâte à pizza

PRÉPARATION : **10 MINUTES**
REPOS : **30 MINUTES**

×4

LISTE DE COURSES

375 g de farine

2 cuil. à café de levure boulangère instantanée

½ cuil. à café de sel

1 cuil. à soupe d'huile d'olive

❶ Mélangez la levure, le sel et la farine.

❷ Versez petit à petit 25 cl d'eau tiède et l'huile et mélangez bien.

❸ Travaillez la pâte 2 min, puis laissez-la reposer 30 min.

❹ Retravaillez la pâte 1 min sur un plan de travail fariné avant de l'étaler.

Tartes

Mini-tartelettes au fromage frais

PRÉPARATION : **5 MINUTES** ×4

LISTE DE COURSES

150 g de fromage frais

1 botte de radis

10 brins de ciboulette

1 cuil. à soupe d'huile d'olive

1 vingtaine de crackers

❶ Émincez la ciboulette. Mélangez avec le fromage frais et l'huile d'olive. Salez, poivrez.

❷ Détaillez les radis en fines rondelles.

❸ Disposez le fromage sur les crackers. Recouvrez chacun de 3 rondelles de radis.

Mini-tartelettes figues-noix au chèvre

PRÉPARATION : **20 MINUTES**
CUISSON : **30 MINUTES**

× 12

LISTE DE COURSES

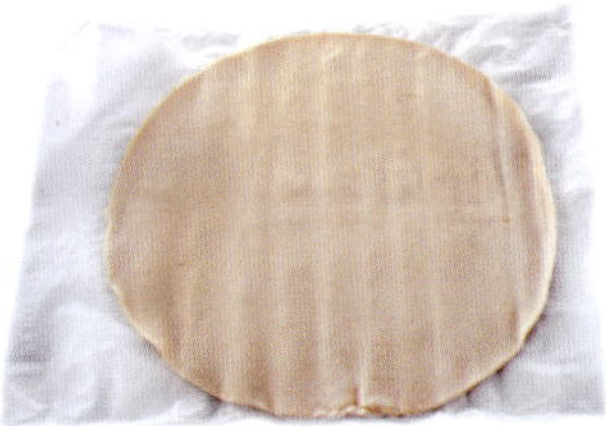

2 pâtes feuilletées

150 g de chèvre frais

6 figues

100 g de cerneaux de noix

❶ Préchauffez le four à 180 °C (th. 6). Avec un emporte-pièce, découpez des petits ronds de pâte qui feront la base des mini-tartelettes.

❷ Piquez la pâte, recouvrez-la de papier cuisson et déposez des billes de cuisson par-dessus. Enfournez pour 20 min.

❸ Concassez les noix. Mélangez le chèvre frais avec les cerneaux de noix concassés.

❹ Disposez le mélange sur les mini-tartelettes et déposez un quartier de figue sur le dessus.

Tarte couronne

PRÉPARATION : **15 MINUTES**
CUISSON : **20 MINUTES**

×6

LISTE DE COURSES

1 pâte feuilletée

1 œuf

15 tomates cerise

1 boule de mozzarella

1 brin de thym

❶ Préchauffez le four à 180 °C (th. 6). Déroulez la pâte en gardant le papier. Badigeonnez-la d'œuf battu au pinceau.

❷ Avec un couteau fin, tracez 8 lignes du centre de la pâte vers l'extérieur (comme si vous coupiez un gâteau en 8) en laissant un bord de 10 cm.

❸ Répartissez les tomates cerise coupées en deux, la mozzarella en dés et le thym sur le bord de la pâte. Arrosez d'1 cuil. à soupe d'huile d'olive et repliez chaque triangle sur la garniture.

❹ Badigeonnez à nouveau d'œuf battu et enfournez pour 20 min.

Tartelettes fleur à la courgette

PRÉPARATION : **15 MINUTES**
CUISSON : **20 MINUTES**

×6

LISTE DE COURSES

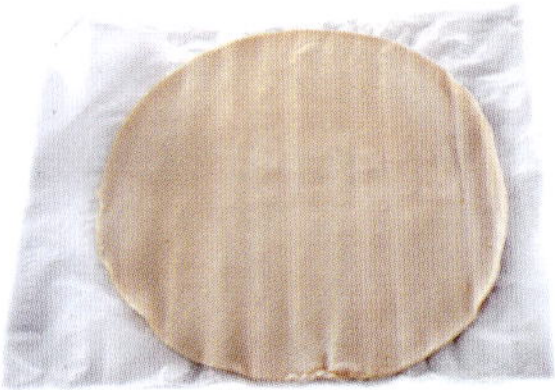

1 pâte feuilletée

3 petites courgettes

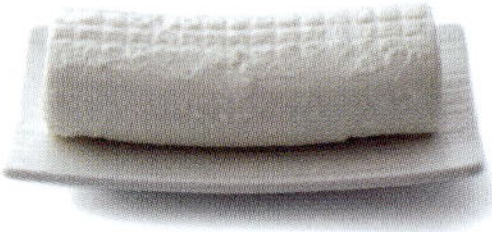

100 g de chèvre frais

3 cuil. à soupe de crème fraîche

❶ Préchauffez le four à 180 °C (th. 6). Dans un bol, mélangez la crème et le chèvre à la fourchette. Salez et poivrez.

❷ Découpez 6 disques de pâte feuilletée, disposez-les dans des moules à tartelettes, piquez-les et étalez le mélange chèvre-crème.

❸ Taillez de fines lamelles de courgettes à l'économe, enroulez-les délicatement sur elles-mêmes, puis placez-les sur les disques de pâte.

❹ Enfournez pour 20 min, puis démoulez.

Tarte soleil

PRÉPARATION : **10 MINUTES**
CUISSON : **20 MINUTES**

× 6

LISTE DE COURSES

2 pâtes feuilletées

100 g de caviar de tomate

100 g de fromage frais

50 g de comté râpé

1 œuf

1 cuil. à soupe
de graines de pavot

❶ Préchauffez le four à 180 °C (th. 6). Déposez une pâte feuilletée sur une plaque recouverte de papier sulfurisé.

❷ Étalez le caviar de tomate sur une moitié de la pâte et le fromage frais sur l'autre moitié. Parsemez de comté.

❸ Recouvrez avec l'autre pâte feuilletée. Posez un verre au centre de la pâte, puis découpez-la pour former des bandes depuis le verre vers les bords.

❹ Torsadez les bandes de pâte. Badigeonnez d'œuf battu et parsemez de graines de pavot. Enfournez pour 20 min.

Couronne aux légumes

PRÉPARATION : **20 MINUTES**
CUISSON : **20 MINUTES**

×4

LISTE DE COURSES

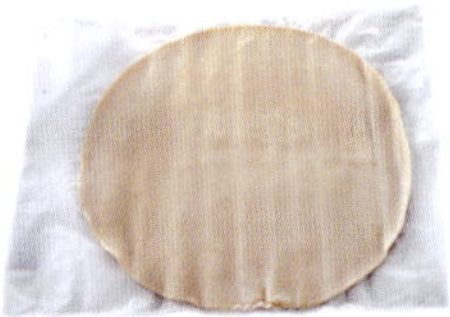

1 pâte feuilletée

1 courgette

2 poivrons
(1 jaune et 1 rouge)

50 g de feta

30 g de pignons de pin

1 œuf

❶ Préchauffez le four à 180 °C (th. 6). Coupez la courgette et les poivrons en petits morceaux. Faites-les revenir 5 min dans une poêle à feu moyen, avec 1 cuil. à soupe d'huile d'olive.

❷ Déposez la pâte feuilletée sur une plaque recouverte de papier sulfurisé. Entaillez la pâte depuis le centre et sur 14 cm comme pour couper 8 parts.

❸ Répartissez les légumes, la feta émiettée et les pignons en cercle sur la partie extérieure de la pâte, autour des entailles. Salez et poivrez.

❹ Repliez les triangles de pâte sur la garniture. Badigeonnez-les de jaune d'œuf. Enfournez pour 15 min.

Rosace épinards-feta

PRÉPARATION : **20 MINUTES**
CUISSON : **30 MINUTES**

×6

LISTE DE COURSES

2 pâtes feuilletées

1 œuf

500 g d'épinards

100 g de feta

25 g de noisettes

100 g de champignons de Paris

❶ Préchauffez le four à 180 °C (th. 6). Rincez et égouttez les épinards. Faites-les revenir 10 min à feu doux, avec 1 cuil. à soupe d'huile. Émincez les champignons. Concassez les noisettes. Ajoutez-les ainsi que la feta émiettée. Salez et poivrez.

❷ Posez la pâte feuilletée sur une plaque recouverte de papier sulfurisé. Répartissez la garniture en formant une couronne sur l'extérieur de la pâte, et un tas au centre.

❸ Déposez la seconde pâte dessus. À l'aide d'un bol, soudez les pâtes en enfermant la garniture au centre. Coupez de larges bandes du bol vers l'extérieur, au couteau. Faites tourner chaque bande d'un quart de tour.

❹ Badigeonnez d'œuf battu et enfournez pour 20 min.

Tarte-fondue au Mont d'or

PRÉPARATION : **20 MINUTES**
CUISSON : **40 MINUTES**

×4

LISTE DE COURSES

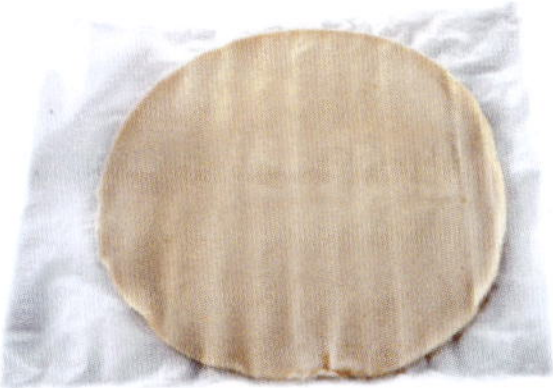

2 pâtes feuilletées

1 Mont d'or®

4 tranches de jambon cru

1 kg de purée de pomme de terre

150 g de crème fraîche épaisse

5 brins de ciboulette

❶ Préchauffez le four à 180 °C (th. 6). Coupez le jambon en petits morceaux. Mélangez-les avec la purée et la crème fraîche. Salez et poivrez.

❷ Sur une plaque recouverte de papier sulfurisé, garnissez de préparation le pourtour d'une pâte feuilletée. Recouvrez avec la seconde pâte feuilletée.

❸ Déposez le Mont d'or, avec son emballage, au centre et en appuyant pour souder les pâtes. Soudez aussi l'extérieur des pâtes à l'aide d'une fourchette. Coupez de larges bandes depuis le pot de fromage vers l'extérieur. Tournez-les d'un quart de tour.

❹ Ciselez la ciboulette et parsemez-en la pâte. Enfournez pour 40 min.

Beurek

PRÉPARATION : **10 MINUTES**
CUISSON : **30 MINUTES**

×6

LISTE DE COURSES

2 pâtes feuilletées

2 œufs

150 g de feta

100 g de gruyère râpé

4 brins de menthe

❶ Préchauffez le four à 180 °C (th. 6). Dans un moule à tarte, déroulez une pâte feuilletée.

❷ Mélangez la feta avec les œufs, le gruyère râpé et la menthe hachée, puis répartissez le tout sur la pâte.

❸ Recouvrez avec la seconde pâte, soudez les bords et quadrillez le dessus avec un couteau.

❹ Enfournez pour 30 minutes.

Tarte brocoli-gorgonzola

PRÉPARATION : **5 MINUTES**
CUISSON : **40 MINUTES**

×6

LISTE DE COURSES

1 pâte brisée

1 brocoli

150 g de gorgonzola

3 œufs

25 cl de crème liquide

❶ Préchauffez le four à 180 °C (th. 6). Coupez les bouquets du brocoli et faites-les cuire 10 minutes à l'eau ou à la vapeur.

❷ Détaillez le gorgonzola en morceaux et mélangez-le aux œufs, à la crème et aux brocolis. Salez et poivrez.

❸ Déposez la pâte brisée au fond d'un moule à tarte en laissant le papier sulfurisé.

❹ Versez la préparation par-dessus et enfournez pour 30 minutes.

Tarte fine au thon et à la tomate

PRÉPARATION : **10 MINUTES**
CUISSON : **30 MINUTES**

×**6**

LISTE DE COURSES

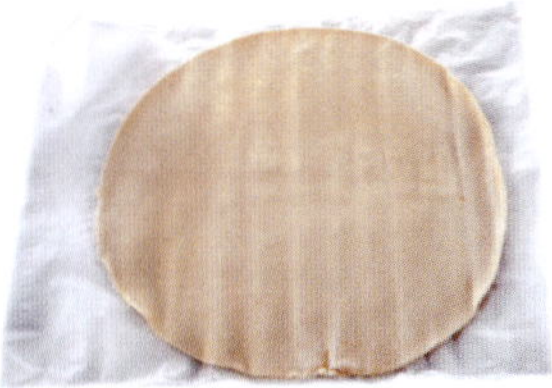

1 pâte feuilletée

4 tomates moyennes

1 boîte de thon
au naturel (300 g)

3 cuil. à café
de moutarde à l'ancienne

100 g de fromage râpé

1 branche de romarin

❶ Préchauffez le four à 180 °C (th. 6). Étalez la pâte feuilletée dans un plat, piquez-la avec une fourchette et badigeonnez-la de moutarde.

❷ Lavez et coupez les tomates en rondelles et disposez-les sur la pâte.

❸ Émiettez le thon avec une fourchette et ajoutez-le sur la pâte.

❹ Ajoutez le fromage râpé, salez, poivrez, parsemez de romarin, puis enfournez pour 30 minutes.

Tarte légère aux herbes et à la ricotta

PRÉPARATION : **10 MINUTES**
CUISSON : **40 MINUTES**

×6

LISTE DE COURSES

5 feuilles de brick

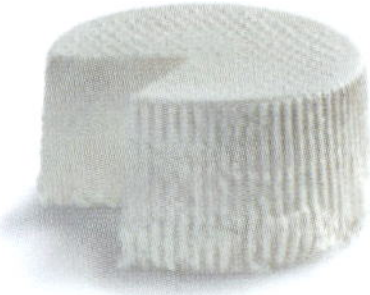
500 g de ricotta

4 œufs

le jus d'1 citron

1 botte de ciboulette

1/2 botte de persil

❶ Préchauffez le four à 200 °C (th. 7). Badigeonnez chaque feuille de brick d'huile d'olive et superposez-les au fond d'un moule à tarte.

❷ Ciselez les herbes, puis mélangez-les avec la ricotta, les œufs et le jus de citron. Salez et poivrez.

❸ Versez le mélange sur les feuilles de brick, puis enfournez pour 40 minutes environ.

Tarte asperges, Boursin® et échalotes

PRÉPARATION : **10 MINUTES**
CUISSON : **30 MINUTES**

×4

LISTE DE COURSES

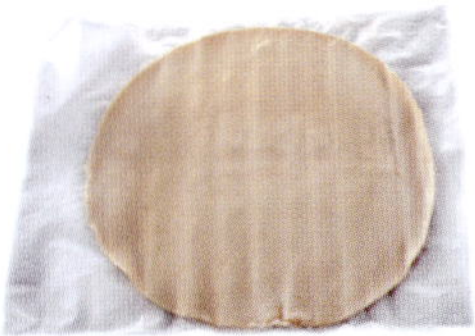

1 rouleau de pâte feuilletée pur beurre

1 pot de Boursin® ail et fines herbes

300 g d'asperges vertes miniatures (en bocal)

2 échalotes

2 cuil. à soupe de parmesan râpé

❶ Préchauffez le four à 170 °C (th. 6). Pelez et hachez les échalotes.

❷ Déroulez la pâte et étalez le fromage dessus.

❸ Égouttez les asperges. Répartissez-les en rosace et en étoile sur la pâte. Saupoudrez d'échalotes et de parmesan. Enfournez pour 30 min.

Tarte fine poires, roquefort, pignons

PRÉPARATION : **15 MINUTES**
CUISSON : **20 MINUTES**

×6

LISTE DE COURSES

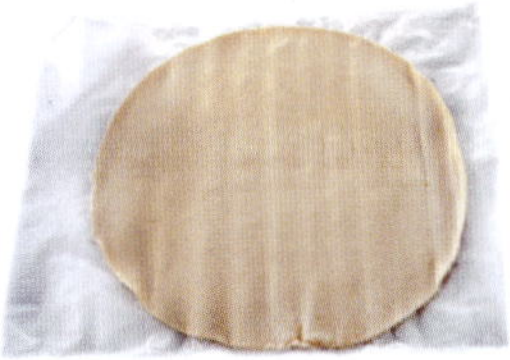
1 rouleau de pâte feuilletée

4 poires doyenné du comice

150 g de roquefort

2 cuil. à soupe de pignons de pin

2 cuil. à soupe de crème de vinaigre balsamique

❶ Préchauffez le four à 180 °C (th. 6). Étalez la pâte avec son papier cuisson sur une grille.

❷ Épluchez les poires, coupez-les en quatre et retirez le cœur. Émincez-les finement et disposez-les en rosace et en étoile sur la pâte.

❸ Émiettez le roquefort par-dessus, parsemez de pignons et enfournez pour 20 min.

❹ Sortez la tarte du four, la pâte doit être dorée, le fromage gratiné. Décorez de gouttes de crème de balsamique et servez.

Tarte fine tomate et comté

PRÉPARATION : **15 MINUTES**
CUISSON : **30 MINUTES**

×4

LISTE DE COURSES

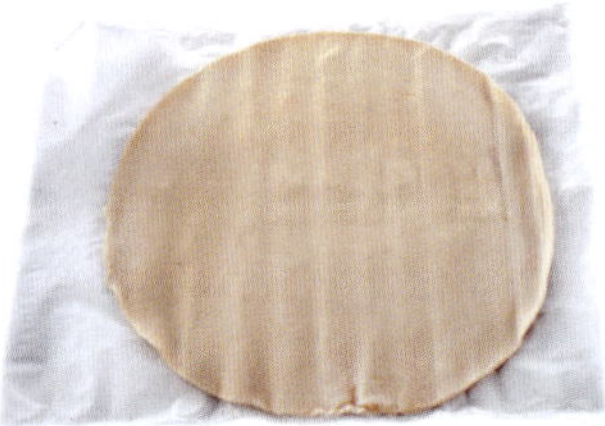

1 rouleau de pâte feuilletée pur beurre

4 tomates cœur-de-bœuf

50 g de comté

1 petit pot de tapenade noire

❶ Préchauffez le four à 170 °C (th. 6). Déroulez la pâte et étalez la tapenade noire dessus.

❷ Coupez les tomates en tranches d'½ cm d'épaisseur et répartissez-les en rosace sur la tapenade.

❸ Salez, poivrez et arrosez de 2 cuil. à soupe d'huile d'olive. Couvrez du fromage râpé et enfournez pour 30 min.

Tarte au saumon

PRÉPARATION : **20 MINUTES**
CUISSON : **20 MINUTES**

×4

LISTE DE COURSES

8 feuilles de brick

4 tranches de saumon fumé

200 g de fromage blanc à 0 % de MG

2 œufs

8 tomates cerise

10 brins de ciboulette

❶ Préchauffez le four à 180 °C (th. 6). Huilez les feuilles de brick et superposez-les.

❷ Coupez le saumon en petits morceaux et les tomates en deux. Ciselez la ciboulette.

❸ Mélangez le saumon avec le fromage blanc, les œufs, les tomates et la ciboulette. Salez, poivrez.

❹ Versez sur les feuilles de brick. Enfournez pour 15-20 min.

Tarte aux épinards, champignons, oignons

PRÉPARATION : **20 MINUTES**
CUISSON : **40 MINUTES**

×6

LISTE DE COURSES

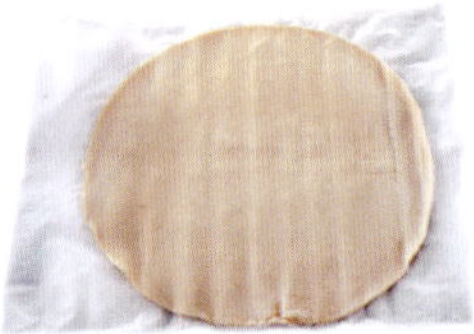

1 pâte brisée

500 g de champignons de Paris

300 g de pousses d'épinards

1 oignon

3 œufs

20 cl de crème liquide légère

❶ Préchauffez le four à 180 °C (th. 6). Pelez et hachez l'oignon. Faites-le revenir 3 min dans une poêle avec 1 cuil. à soupe d'huile d'olive.

❷ Ajoutez les champignons émincés, puis, quand l'eau s'est évaporée, les épinards. Salez, poivrez et laissez cuire 5 min.

❸ Dans un bol, mélangez les œufs et la crème. Salez, poivrez.

❹ Étalez la pâte dans un plat. Répartissez dessus le mélange champignons-épinards, puis la crème. Enfournez pour 30 min.

Tarte fleur aux légumes

PRÉPARATION : **20 MINUTES**
CUISSON : **30 MINUTES**

×6

LISTE DE COURSES

1 pâte feuilletée

3 courgettes

3 carottes

1 cuil. à soupe
de moutarde

2 cuil. à soupe
de crème fraîche légère

4 branches de thym

❶ Préchauffez le four à 180 °C (th. 6). Déposez la pâte feuilletée au fond d'un moule à tarte, piquez-la à l'aide d'une fourchette et étalez la moutarde, puis la crème.

❷ Coupez de fines lamelles de courgettes et de carottes à l'aide d'un économe, enroulez-les délicatement et placez-les sur la pâte en partant du centre.

❸ Ajoutez un filet d'huile d'olive, salez, poivrez et parsemez généreusement de thym effeuillé.

❹ Enfournez pour 30 min.

Tarte aux asperges vertes

PRÉPARATION : **15 MINUTES**
CUISSON : **50 MINUTES**

× 6

LISTE DE COURSES

1 pâte feuilletée

300 g de ricotta

3 œufs

400 g d'asperges vertes

10 brins de persil

½ citron

❶ Préchauffez le four à 180 °C (th. 6). Épluchez les asperges et faites-les cuire 10 min à l'eau bouillante salée.

❷ Pressez le citron. Ciselez le persil, puis mélangez-le avec la ricotta, les œufs et le jus de citron. Salez et poivrez.

❸ Étalez la pâte feuilletée dans un moule à tarte, versez le mélange dessus, puis disposez les asperges. Enfournez pour 40 min environ.

Tarte tzatziki

PRÉPARATION : **15 MINUTES**
CUISSON : **25 MINUTES**
RÉFRIGÉRATION : **3 HEURES**

×4

LISTE DE COURSES

1 pâte feuilletée

3 concombres

200 g de ricotta

1 yaourt à la grecque

1 bouquet de menthe

2 gousses d'ail

❶ Préchauffez le four à 200 °C (th. 6-7). Étalez la pâte dans un moule à tarte et piquez-la. Recouvrez le fond de papier sulfurisé et de billes de cuisson.

❷ Enfournez pour 15 min, retirez le papier sulfurisé et prolongez la cuisson de 10 min. Sortez du four et laissez refroidir.

❸ Dans un saladier, mélangez la ricotta, le yaourt, l'ail haché, la menthe ciselée, salez et poivrez. Ajoutez les concombres coupés en dés.

❹ Versez ce mélange sur le fond de tarte refroidi et placez la tarte au réfrigérateur pendant au moins 3 h.

Tarte aux blettes et au chèvre

PRÉPARATION : **20 MINUTES**
CUISSON : **55 MINUTES**

×4

LISTE DE COURSES

1 pâte brisée

1 botte de blettes

150 g de chèvre frais

2 œufs

20 cl de crème fraîche

100 g de noix

❶ Préchauffez le four à 180 °C (th. 6). Dans un cuit-vapeur, faites cuire les blettes 20 min, puis égouttez.

❷ Étalez la pâte brisée dans le fond d'un moule à tarte. Coupez le fromage de chèvre en tranches. Répartissez les blettes et le fromage dans le moule.

❸ Mélangez les œufs et la crème fraîche. Salez, poivrez, puis versez le tout dans le moule.

❹ Enfournez pour 35 min. Saupoudrez de noix concassées.

Tarte aux champignons de Paris

PRÉPARATION : **20 MINUTES**
CUISSON : **40 MINUTES**

× 6

LISTE DE COURSES

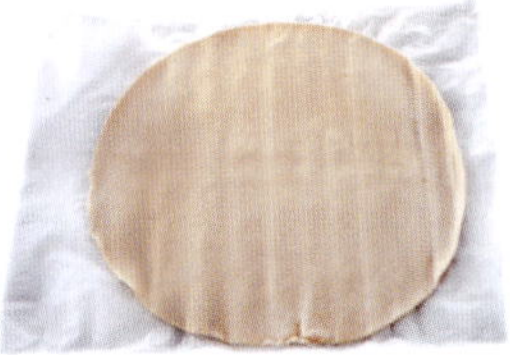

1 pâte feuilletée

700 g de champignons de Paris

150 g de fromage frais

1 oignon

1 gousse d'ail

5 brins de persil plat

❶ Préchauffez le four à 180 °C (th. 6). Faites fondre l'oignon émincé 3 min dans une poêle avec 1 cuil. à soupe d'huile d'olive.

❷ Émincez les champignons et faites-les revenir avec l'oignon et la gousse d'ail écrasée jusqu'à ce que l'eau se soit évaporée. Salez, poivrez.

❸ Étalez la pâte dans un plat, piquez le fond. Garnissez de fromage frais et répartissez les champignons. Enfournez pour 30 min.

❹ À la sortie du four, parsemez de persil haché.

Tarte tomate-basilic

PRÉPARATION : **10 MINUTES**
REPOS : **1 HEURE**
CUISSON : **30 MINUTES**

×6

LISTE DE COURSES

100 g de farine de maïs

100 g de farine de sarrasin

80 g de beurre

4 cuil. à soupe
de purée d'amandes

6 tomates

5 brins de basilic

❶ Mélangez les farines, le beurre en petits morceaux du bout des doigts, puis ajoutez 6 cl d'eau froide. Formez une boule, filmez et laissez reposer 1 h.

❷ Préchauffez le four à 180 °C (th. 6). Étalez la pâte entre deux feuilles de papier sulfurisé, puis placez-la dans un moule à tarte antiadhésif.

❸ Étalez la purée d'amandes sur la pâte. Posez les tomates coupées en deux, côté bombé dessous, salez, poivrez et enfournez pour 30 min.

❹ À la sortie du four, parsemez de basilic ciselé.

Tarte niçoise

PRÉPARATION : **20 MINUTES**
CUISSON : **45 MINUTES**

×4

LISTE DE COURSES

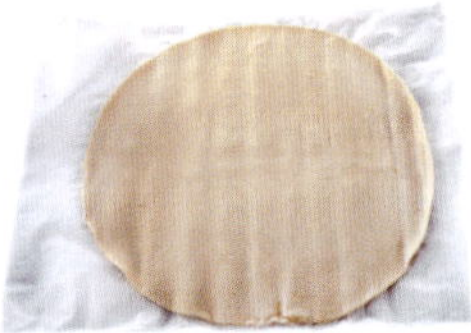

1 pâte brisée

2 oignons

3 tomates

40 g d'olives noires

100 g de crème fraîche épaisse

300 g de blettes

❶ Préchauffez le four à 180 °C (th. 6). Déroulez la pâte et garnissez-en un moule à tarte. Lavez les tomates. Coupez-les en rondelles ainsi que les olives.

❷ Coupez les cardes des blettes. Lavez les feuilles vertes. Plongez-les 5 min dans une casserole d'eau bouillante salée. Égouttez-les, pressez-les et coupez-les en lanières.

❸ Épluchez et émincez les oignons. Faites-les revenir 10 min dans une poêle chaude avec 1 cuil. à soupe d'huile d'olive. Ajoutez la crème, salez et poivrez. Poursuivez la cuisson 5 min.

❹ Versez la préparation sur le fond de tarte, puis répartissez les tomates, les blettes et les olives. Arrosez d'un filet d'huile d'olive et enfournez pour 25 min.

Quiches

Mini-quiches aux tomates cerise

PRÉPARATION : **10 MINUTES**
CUISSON : **15 MINUTES**

× 10

LISTE DE COURSES

1 pâte feuilletée

1 cuil. à soupe
de crème liquide

2 cuil. à soupe
de yaourt grec

3 œufs

15 tomates cerise

10 feuilles de basilic

❶ Préchauffez le four à 180 °C (th. 6).

❷ Prélevez des portions de pâte et garnissez-en les moules à quiche.

❸ Dans un saladier, mélangez les œufs, la crème liquide et le yaourt. Salez et poivrez. Versez la préparation sur les fonds de pâte.

❹ Coupez les tomates cerise en deux. Disposez-les dans les moules. Enfournez pour 15 min. Décorez d'une feuille de basilic avant de servir.

Mini-quiches saumon-brocoli

PRÉPARATION : **15 MINUTES**
CUISSON : **25 MINUTES**

×6

LISTE DE COURSES

6 tranches de pain de mie

3 œufs

3 cuil. à soupe
de crème fraîche

150 g de saumon

100 g de brocoli

❶ Dans un saladier, mélangez les œufs et la crème, salez et poivrez. Préchauffez le four à 180 °C (th. 6).

❷ Taillez le saumon et le brocoli en petits morceaux. Faites revenir le brocoli 5 min dans une poêle avec un peu d'huile d'olive. Salez et poivrez.

❸ Avec des emporte-pièces ronds en métal, découpez 6 disques de pain de mie, puis placez-les dans des moules à muffins.

❹ Répartissez le saumon et le brocoli sur les disques de pain de mie, puis versez le mélange œufs-crème dessus. Enfournez pour 20 min.

Mini-quiches tortilla

PRÉPARATION : **15 MINUTES**
CUISSON : **20 MINUTES**

×6

LISTE DE COURSES

3 tortillas

3 œufs

3 cuil. à soupe de crème fraîche

50 g de jambon blanc

50 g de fromage râpé

❶ Dans un saladier, mélangez les œufs et la crème, salez et poivrez.

❷ Coupez le jambon en petits morceaux. Préchauffez le four à 180 °C (th. 6).

❸ Avec des emporte-pièces ronds en métal, découpez 6 disques de tortilla, puis placez-les dans des moules à muffins.

❹ Répartissez le fromage et le jambon sur les disques, puis versez le mélange œufs-crème dessus. Enfournez pour 20 min.

Mini-quiches lorraines sans pâte

PRÉPARATION : **20 MINUTES**
CUISSON : **20 MINUTES**

× 4

LISTE DE COURSES

80 g de farine

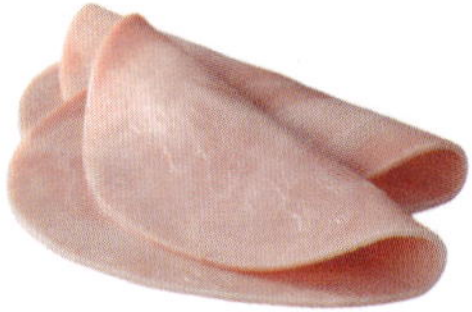

100 g de jambon

4 œufs

30 cl de lait

30 g de comté râpé

❶ Préchauffez le four à 200 °C (th. 6-7). Coupez le jambon en petits morceaux.

❷ Mélangez la farine avec le comté râpé. Fouettez les œufs avec le lait. Mélangez les ingrédients liquides avec les ingrédients secs. Salez, poivrez.

❸ Versez la préparation dans des moules à tartelette antiadhésifs ou légèrement huilés. Ajoutez le jambon. Saupoudrez de comté.

❹ Enfournez pour 20 min.

Quiche légère à la salade

PRÉPARATION : **20 MINUTES**
CUISSON : **45 MINUTES**

×4

LISTE DE COURSES

100 g de farine

3 œufs

125 g de salade un peu flétrie

1 oignon

20 cl de lait

1 cuil. à soupe de curcuma

❶ Préchauffez le four à 180 °C (th. 6). Épluchez et émincez l'oignon. Émincez la salade. Faites-les revenir 5 min à la poêle avec 1 cuil. à soupe d'huile.

❷ Mélangez la farine et les œufs. Ajoutez peu à peu le lait. Salez, poivrez.

❸ Ajoutez la salade, l'oignon et le curcuma.

❹ Versez dans un moule beurré. Enfournez pour 40 min.

Quiche au chèvre et aux tomates cerise

PRÉPARATION : **10 MINUTES**
CUISSON : **30 MINUTES**

×6

LISTE DE COURSES

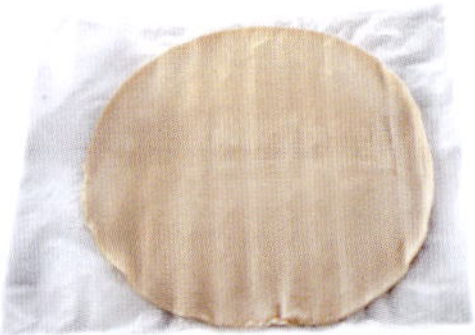

1 pâte brisée

1 bûche de chèvre

15 tomates cerise

3 œufs

25 cl de fromage blanc

herbes de Provence

❶ Préchauffez le four à 180 °C (th. 6). Placez la pâte brisée dans un moule à tarte antiadhésif.

❷ Dans un saladier, battez les œufs. Ajoutez le fromage blanc. Mélangez, salez et poivrez.

❸ Versez ce mélange sur la pâte. Disposez les rondelles de chèvre et les tomates cerise coupées en deux. Parsemez d'herbes de Provence.

❹ Enfournez pour 30 min.

Quiche aubergine-feta à l'indienne

PRÉPARATION : **10 MINUTES**
CUISSON : **40 MINUTES**

×6

LISTE DE COURSES

1 pâte brisée

2 petites aubergines

100 g de feta

3 œufs

25 cl de crème de soja

1 cuil. à café de curry en poudre

❶ Préchauffez le four à 180 °C (th. 6). Placez la pâte brisée dans un moule à tarte antiadhésif.

❷ Coupez les aubergines en fines rondelles et faites-les revenir 10 min à la poêle avec 2 cuil. à soupe d'huile d'olive. Saupoudrez de curry.

❸ Disposez la moitié des aubergines sur la pâte, émiettez la feta, puis mettez le reste des aubergines.

❹ Battez les œufs dans un bol. Ajoutez la crème. Mélangez, salez et poivrez. Versez ce mélange sur la tarte. Enfournez pour 30 min.

Quiche aux poireaux

PRÉPARATION : **20 MINUTES**
CUISSON : **40 MINUTES**

×6

LISTE DE COURSES

1 pâte brisée

3 poireaux

3 œufs

25 cl de crème liquide

125 g de fromage râpé

❶ Préchauffez le four à 180 °C (th. 6). Placez la pâte brisée dans un moule à tarte antiadhésif.

❷ Émincez les poireaux et faites-les cuire 10 min à couvert dans une poêle avec un peu d'eau au fond.

❸ Dans un saladier, battez les œufs. Ajoutez la crème, le fromage râpé et les poireaux. Mélangez, salez et poivrez. Versez ce mélange sur la tarte.

❹ Enfournez pour 30 min.

Quiche fenouil, chèvre, miel

PRÉPARATION : **20 MINUTES**
CUISSON : **40 MINUTES**

× 6

LISTE DE COURSES

1 pâte brisée (voir p. 50)

1 bulbe de fenouil

1 bûche de chèvre

3 cuil. à soupe de purée d'amandes

25 cl de crème liquide

1 cuil. à soupe de miel

❶ Préchauffez le four à 180 °C (th. 6). Placez la pâte brisée dans un moule à tarte antiadhésif.

❷ Coupez le bulbe de fenouil en tranches et faites-les cuire 10 min dans une poêle avec un peu d'eau. Disposez-les sur la pâte.

❸ Dans un bol, mélangez la crème et la purée d'amandes. Salez et poivrez. Versez ce mélange sur la tarte.

❹ Recouvrez de morceaux de chèvre. Arrosez de miel. Enfournez pour 30 min. À la sortie du four, décorez de la partie verte des fenouils.

Quiche légère jambon-légumes

PRÉPARATION : **20 MINUTES**
CUISSON : **35 MINUTES**

×6

LISTE DE COURSES

1 pâte brisée

150 g de dés de jambon

2 tomates

1 courgette

25 cl de crème liquide légère

125 g de fromage râpé

❶ Préchauffez le four à 180 °C (th. 6). Placez la pâte brisée dans un moule à tarte antiadhésif.

❷ Coupez la courgette en morceaux et faites-les revenir 5 min dans une poêle avec 1 cuil. à soupe d'huile d'olive.

❸ Coupez les tomates en dés. Égouttez et disposez-les sur la tarte. Ajoutez les dés de jambon, puis les courgettes.

❹ Mélangez la crème et le fromage dans un bol. Salez et poivrez. Versez sur la tarte. Enfournez pour 30 min.

Quiche tomate, mozzarella, basilic

PRÉPARATION : **10 MINUTES**
CUISSON : **30 MINUTES**

×6

LISTE DE COURSES

1 pâte brisée

500 g de tomates

125 g de mozzarella

3 œufs

25 cl de lait

1 poignée de basilic

❶ Préchauffez le four à 180 °C (th. 6). Placez la pâte brisée dans un moule à tarte antiadhésif.

❷ Coupez les tomates en dés. Égouttez-les rapidement dans une passoire avant de les disposer sur la pâte. Recouvrez-les de la mozzarella coupée en dés et de basilic ciselé.

❸ Dans un saladier, battez les œufs. Ajoutez le lait. Mélangez, salez et poivrez. Versez ce mélange sur la tarte.

❹ Enfournez pour 30 min.

Quiche biquette

PRÉPARATION : **20 MINUTES**
CUISSON : **25 MINUTES**

×4

LISTE DE COURSES

1 pâte brisée

250 g de fromage de chèvre frais

10 cl de crème fraîche

4 œufs

10 brins de ciboulette

8 olives noires

❶ Préchauffe le four à 210 °C (th. 7). Dépose la pâte brisée au fond d'un moule à tarte. Pique-la à la fourchette.

❷ Dans un bol, mélange les œufs, la crème et le fromage de chèvre. Sale, poivre.

❸ Verse la préparation sur la pâte. Enfourne pour 25 min.

❹ Coupe 4 parts de quiche. Sur chacune, dessine une biquette avec le fromage frais, les olives et la ciboulette.

Quiche aux fanes d'oignons nouveaux

PRÉPARATION : **10 MINUTES**
CUISSON : **40 MINUTES**

×4

LISTE DE COURSES

1 pâte brisée

150 g de fanes d'oignons nouveaux

3 œufs

20 cl de crème liquide

50 g de parmesan râpé

❶ Préchauffez le four à 180 °C (th. 6). Foncez un moule à tarte avec la pâte.

❷ Lavez et coupez les fanes d'oignon en tronçons. Faites-les revenir 10 min dans une poêle à feu moyen avec 1 cuil. à soupe d'huile végétale. Déposez-les sur le fond de tarte.

❸ Dans un saladier, battez les œufs. Ajoutez la crème liquide et le parmesan. Salez, poivrez et mélangez.

❹ Versez la préparation sur les fanes d'oignon et enfournez pour 30 min.

Quiche lorraine

PRÉPARATION : **10 MINUTES**
CUISSON : **40 MINUTES**

×4

LISTE DE COURSES

1 pâte brisée

200 g de tofu fumé

100 g de fromage de chèvre râpé

3 œufs

25 cl de crème liquide

20 brins de ciboulette

❶ Préchauffez le four à 180 °C (th. 6).

❷ Déroulez la pâte et garnissez-en un moule à tarte. Découpez le tofu en petits bâtonnets.

❸ Dans un saladier, mélangez les œufs, la crème liquide, le fromage râpé et le tofu.

❹ Versez cette préparation sur le fond de pâte. Parsemez de ciboulette ciselée et enfournez pour 40 min.

Quiche lorraine sans pâte

PRÉPARATION : **10 MINUTES**
CUISSON : **30 MINUTES**

× 6

LISTE DE COURSES

30 cl de lait

60 g de farine

200 g de lardons fumés

3 œufs

125 g de fromage râpé

❶ Préchauffez le four à 180 °C (th. 6).

❷ Dans un saladier, battez les œufs. Ajoutez le lait, fouettez, puis incorporez la farine. Mélangez, intégrez le fromage. Salez et poivrez.

❸ Beurrez un moule à tarte ou chemisez-le de papier sulfurisé, disposez les lardons et versez le mélange aux œufs dans le moule.

❹ Enfournez pour 30 min.

Quiche poivron-chorizo

PRÉPARATION : **10 MINUTES**
CUISSON : **30 MINUTES**

× 6

LISTE DE COURSES

1 pâte brisée

1 poivron vert

90 g de fines tranches de chorizo

3 œufs

25 cl de crème fraîche

125 g de fromage râpé

❶ Préchauffez le four à 180 °C (th. 6). Placez la pâte brisée dans un moule à tarte antiadhésif.

❷ Battez les œufs dans un bol. Ajoutez la crème et le fromage râpé. Mélangez, salez et poivrez. Versez ce mélange sur la pâte.

❸ Coupez le poivron en fines lamelles et répartissez-les sur la tarte avec les tranches de chorizo.

❹ Enfournez pour 30 min.

Quiche poulet au curry et oignon rouge

PRÉPARATION : **10 MINUTES**
CUISSON : **35 MINUTES**

×6

LISTE DE COURSES

1 pâte brisée

200 g de blanc de poulet

1 oignon rouge

20 cl de crème fraîche

2 cuil. à soupe de moutarde

1 cuil. à café de curry en poudre

❶ Préchauffez le four à 180 °C (th. 6). Placez la pâte brisée dans un moule à tarte antiadhésif.

❷ Faites revenir 5 min l'oignon rouge émincé et le poulet détaillé en lamelles dans une poêle avec 1 cuil. à soupe d'huile. Ajoutez le curry. Faites dorer et disposez sur la pâte.

❸ Mélangez la moutarde et la crème dans un bol. Mélangez, salez et poivrez. Versez ce mélange sur la tarte.

❹ Enfournez pour 30 min.

Quiche froide au poulet

PRÉPARATION : **20 MINUTES**
CUISSON : **40 MINUTES**

×6

LISTE DE COURSES

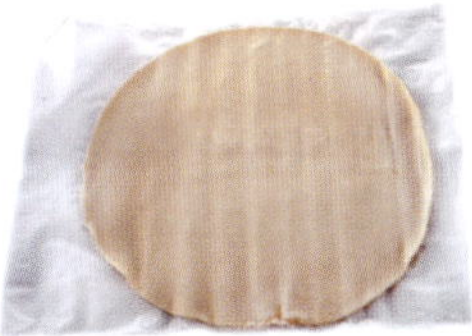

1 pâte feuilletée

2 blancs de poulet

4 œufs

200 g de fromage frais

200 g de tomates cerise

5 brins de ciboulette

❶ Préchauffez le four à 180 °C (th. 6). Étalez la pâte feuilletée dans un moule à tarte et piquez-la à la fourchette.

❷ Battez les œufs, mélangez-les avec le fromage frais et la ciboulette ciselée, salez, poivrez et versez sur la pâte.

❸ Coupez le poulet en petits morceaux et faites-les revenir dans une poêle avec un filet d'huile d'olive.

❹ Ajoutez les tomates cerise sur la quiche et enfournez pour 40 min.

Quiche saumon-fromage

PRÉPARATION : **10 MINUTES**
CUISSON : **30 MINUTES**

×6

LISTE DE COURSES

1 pâte brisée

150 g de saumon fumé

80 g de fromage ail et fines herbes

2 œufs

10 cl de crème liquide

10 brins de ciboulette

❶ Préchauffez le four à 180 °C (th. 6). Placez la pâte brisée dans un moule à tarte antiadhésif.

❷ Dans un saladier, écrasez le fromage à la fourchette. Ajoutez les œufs et fouettez, puis la crème et les trois quarts de la ciboulette ciselée. Mélangez, salez et poivrez.

❸ Coupez le saumon fumé en dés et répartissez-les sur la pâte. Versez le mélange aux œufs.

❹ Enfournez pour 30 min. Avant de servir, parsemez de ciboulette ciselée.

Quiche saumon-aneth

PRÉPARATION : **10 MINUTES**
CUISSON : **20 MINUTES**

×6

LISTE DE COURSES

1 pâte brisée

200 g de saumon fumé

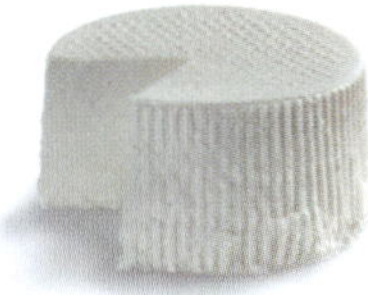

250 g de ricotta

1 gros œuf

2 courgettes de taille moyenne

1 petite botte d'aneth

❶ Préchauffez le four à 180 °C (th. 6). Étalez la pâte brisée dans un plat.

❷ Mélangez l'œuf et la ricotta puis versez sur la pâte. Ajoutez les tranches de saumon fumé et parsemez d'aneth ciselé.

❸ Lavez et découpez les courgettes en fines rondelles. Faites-les dorer à la poêle avec 1 cuil. à soupe d'huile d'olive, salez et poivrez.

❹ Recouvrez la tarte de courgettes et enfournez pour 20 minutes.

Quiche saumon fumé munster

PRÉPARATION : **10 MINUTES**
CUISSON : **35 MINUTES**

×4

LISTE DE COURSES

1 rouleau de pâte sablée pur beurre

1 petit munster

3 tranches de saumon fumé

50 cl de lait frais entier

3 œufs

1 pincée de noix muscade râpée

❶ Préchauffez le four à 180 °C (th. 6).

❷ Coupez le munster en dés après avoir retiré la moitié de la croûte. Taillez également le saumon en dés.

❸ Dans un saladier, mélangez le lait, les œufs, le fromage, la muscade, du sel et du poivre.

❹ Disposez la pâte avec son papier cuisson dans un plat à tarte et répartissez dessus le saumon fumé. Couvrez de la préparation au lait et enfournez pour 35 min.

Quiche thon-tomate

PRÉPARATION : **10 MINUTES**
CUISSON : **30 MINUTES**

×6

LISTE DE COURSES

1 pâte brisée

1 boîte de thon au naturel

2 ou 3 tomates

125 g de gruyère râpé

3 œufs

25 cl de crème liquide

❶ Préchauffez le four à 180 °C (th. 6). Placez la pâte brisée dans un moule à tarte antiadhésif.

❷ Parsemez le fond de tarte de gruyère râpé. Disposez les tomates coupées en rondelles et le thon émietté.

❸ Dans un saladier, mélangez les œufs et la crème liquide. Salez, poivrez, puis versez sur la tarte.

❹ Enfournez pour 30 min.

Quiche aux sardines

PRÉPARATION : **15 MINUTES**
CUISSON : **30 MINUTES**

×6

LISTE DE COURSES

100 g de farine de riz

100 g de farine de sarrasin

5 cuil. à soupe d'huile d'olive

2 œufs

4 cuil. à soupe de crème

2 boîtes de sardines à la tomate

❶ Préchauffez le four à 180 °C (th. 6). Dans un saladier, mélangez les farines, l'huile d'olive, 1 cuil. à café de sel et 5 cl d'eau froide.

❷ Placez la pâte dans un moule à tarte badigeonné d'huile d'olive. Appuyez bien avec vos doigts.

❸ Dans un bol, battez les œufs avec la crème et les sardines.

❹ Répartissez sur la pâte et enfournez pour 30 min.

Tourte aux champignons

PRÉPARATION : **20 MINUTES**
CUISSON : **40 MINUTES**

× 6

LISTE DE COURSES

1 pâte brisée

1 pâte feuilletée (du commerce)

700 g de champignons de Paris

25 cl de crème liquide

1 botte de persil

1 jaune d'œuf

❶ Préchauffez le four à 180 °C (th. 6). Placez la pâte brisée dans un moule à tarte antiadhésif.

❷ Faites revenir les champignons émincés dans une poêle avec 2 cuil. à soupe d'huile d'olive. Ajoutez la crème fraîche et laissez cuire 5 min.

❸ Déposez ce mélange sur la pâte. Parsemez de persil haché. Recouvrez avec la pâte feuilletée et fermez en soudant les bords.

❹ Faites un trou au centre et badigeonnez, au pinceau, le dessus de la tourte avec le jaune d'œuf battu. Enfournez pour 30 min.

Tourte aux trois noix

PRÉPARATION : **10 MINUTES**
CUISSON : **40 MINUTES**

×6

LISTE DE COURSES

150 g de mélange de noix (pécan, macadamia et noisettes)

100 g de roquefort

70 g de chèvre frais

20 cl de crème liquide

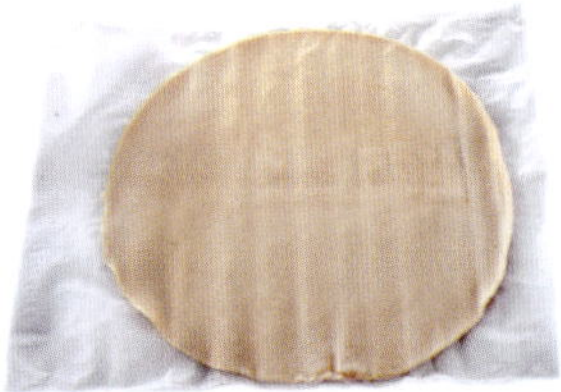

2 pâtes feuilletées

❶ Préchauffez le four à 180 °C (th. 6). Concassez grossièrement les noix.

❷ Dans un saladier, mélangez les fromages émiettés, la crème liquide et les noix.

❸ Garnissez un moule à tarte de pâte feuilletée. Versez la préparation sur le fond de pâte. Recouvrez le tout de la 2nde pâte feuilletée en soudant bien les bords.

❹ Faites une croix avec la pointe d'un couteau au milieu du couvercle de la tourte. Enfournez pour 40 min.

Cakes

Cake à la patate douce

PRÉPARATION : **20 MINUTES**
CUISSON : **1 HEURE**

×6

LISTE DE COURSES

200 g de patates douces

100 g de gruyère râpé

1 sachet de levure chimique

3 œufs

15 cl de crème liquide

10 brins de coriandre

❶ Préchauffez le four à 180 °C (th. 6). Lavez, pelez et faites cuire les patates douces 20 min à l'eau bouillante salée, puis mixez.

❷ Dans un saladier, mélangez les œufs, la purée de patates douces, la crème, la levure, le gruyère râpé, la coriandre ciselée et 2 cuil. à soupe d'huile d'olive. Salez et poivrez.

❸ Versez dans un moule à cake beurré et enfournez pour 45 min.

Cake au cheddar et aux graines

PRÉPARATION : **15 MINUTES**
CUISSON : **45 MINUTES**

×6

LISTE DE COURSES

180 g de farine avec levure incorporée

150 g de cheddar

150 g d'un mélange de graines

3 œufs

15 cl de lait

❶ Préchauffez le four à 180 °C (th. 6). Dans un saladier, mélangez les œufs, le lait et 4 cuil. à soupe d'huile d'olive.

❷ Coupez le cheddar en petits morceaux.

❸ Mélangez le cheddar et les graines avec la farine. Salez et poivrez. Intégrez la première préparation et mélangez sans insister.

❹ Versez dans un moule à cake beurré et enfournez pour 45 min.

Cake au pesto

PRÉPARATION **: 15 MINUTES**
CUISSON **: 45 MINUTES**

×6

LISTE DE COURSES

200 g de farine avec levure incorporée

150 g de pesto

150 g de tomates confites

50 g de pignons de pin

3 œufs

15 cl de lait

❶ Préchauffez le four à 180 °C (th. 6). Dans un saladier, mélangez les œufs, le lait et le pesto.

❷ Mélangez les tomates confites coupées en morceaux et les pignons avec la farine, puis ajoutez la première préparation. Mélangez sans insister.

❸ Versez dans un moule à cake beurré et enfournez pour 45 min.

Cake au potimarron et au comté

PRÉPARATION : **15 MINUTES**
CUISSON : **1 HEURE**

×6

LISTE DE COURSES

180 g de farine avec levure incorporée

300 g de potimarron

150 g de comté

2 œufs

10 cl de lait

4 brins de thym

❶ Préchauffez le four à 180 °C (th. 6). Rincez le potimarron et faites-le cuire 10 min dans de l'eau bouillante. Égouttez et coupez-le en petits morceaux.

❷ Dans un saladier, mélangez les œufs, le lait et 4 cuil. à soupe d'huile d'olive.

❸ Mélangez le potimarron, le comté coupé en cubes et le thym effeuillé avec la farine. Salez et poivrez. Intégrez la préparation précédente et mélangez sans insister.

❹ Versez dans un moule à cake beurré et enfournez pour 45 min.

Cake au roquefort et aux noisettes

PRÉPARATION : **15 MINUTES**
CUISSON : **45 MINUTES**

×6

LISTE DE COURSES

180 g de farine avec levure incorporée

250 g de roquefort

150 g de noisettes

3 œufs

15 cl de lait

❶ Préchauffez le four à 180 °C (th. 6). Dans un saladier, mélangez les œufs, le lait et 4 cuil. à soupe d'huile d'olive.

❷ Émiettez le roquefort et hachez grossièrement les noisettes. Incorporez-les à la préparation, ajoutez la farine et mélangez sans insister.

❸ Versez dans un moule à cake beurré et enfournez pour 45 min.

Cake aux courgettes et aux tomates confites

PRÉPARATION : **15 MINUTES**
CUISSON : **45 MINUTES**

×6

LISTE DE COURSES

180 g de farine avec levure incorporée

2 courgettes

150 g de tomates confites

150 g de fromage de chèvre râpé

180 g de tofu soyeux

15 cl de lait

❶ Préchauffez le four à 180 °C (th. 6). Mixez le tofu soyeux, le lait et 3 cuil. à soupe d'huile d'olive.

❷ Lavez, pelez et coupez les courgettes en petits cubes. Détaillez les tomates confites en petits morceaux.

❸ Mélangez les courgettes, le fromage râpé et les tomates avec la farine. Salez et poivrez. Intégrez la première préparation et mélangez sans insister.

❹ Versez dans un moule à cake beurré et enfournez pour 45 min.

Cake aux épinards et à la mozzarella

PRÉPARATION : **15 MINUTES**
CUISSON : **45 MINUTES**

× 6

LISTE DE COURSES

180 g de farine
avec levure incorporée

3 œufs

200 g de pousses d'épinards

200 g de mozzarella

15 cl de lait

4 cuil. à soupe d'huile d'olive

❶ Préchauffez le four à 180 °C (th. 6). Dans un saladier, mélangez les œufs, le lait et l'huile d'olive.

❷ Lavez et hachez les épinards, détaillez la mozzarella en petits morceaux et mélangez-les avec la farine. Salez et poivrez.

❸ Versez la première préparation et mélangez sans insister.

❹ Versez dans un moule à cake beurré et enfournez pour 45 min.

Cake aux herbes et au thon

PRÉPARATION : **15 MINUTES**
CUISSON : **45 MINUTES**

× **6**

LISTE DE COURSES

180 g de farine
avec levure incorporée

250 g de thon en boîte

30 brins d'herbes aromatiques
(coriandre, ciboulette, menthe)

80 g de comté râpé

3 œufs

15 cl de vin blanc

❶ Préchauffez le four à 180 °C (th. 6). Dans un saladier, mélangez les œufs, le vin blanc et 4 cuil. à soupe d'huile d'olive.

❷ Lavez, séchez et ciselez les herbes. Émiettez le thon avec une fourchette.

❸ Incorporez les herbes ciselées, le fromage râpé et le thon à la préparation. Ajoutez la farine et mélangez sans insister. Salez et poivrez.

❹ Versez dans un moule à cake beurré et enfournez pour 45 min.

Cake aux olives et au jambon

PRÉPARATION : **15 MINUTES**
CUISSON : **45 MINUTES**

×6

LISTE DE COURSES

180 g de farine
avec levure incorporée

200 g de jambon

150 g d'olives vertes
dénoyautées

70 g d'emmental râpé

3 œufs

15 cl de lait

❶ Préchauffez le four à 180 °C (th. 6). Dans un saladier, mélangez les œufs, le lait et 3 cuil. à soupe d'huile d'olive.

❷ Coupez les olives en rondelles et le jambon en petits cubes.

❸ Mélangez les olives, le fromage et le jambon avec la farine. Ajoutez la première préparation et mélangez sans insister.

❹ Versez dans un moule à cake beurré et enfournez pour 45 min.

Cake jambon-fromage

PRÉPARATION : **15 MINUTES**
CUISSON : **45 MINUTES**

×6

LISTE DE COURSES

180 g de farine
avec levure incorporée

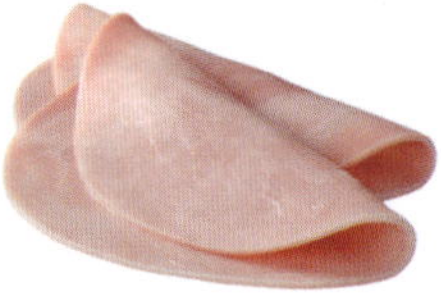

250 g de jambon blanc

150 g d'emmental râpé

3 œufs

15 cl de lait

2 cuil. à soupe d'huile d'olive

❶ Préchauffez le four à 180 °C (th. 6). Mélangez les œufs, le lait et l'huile d'olive.

❷ Coupez le jambon en petits morceaux.

❸ Mélangez le fromage et le jambon à la farine. Ajoutez la première préparation et mélangez délicatement.

❹ Versez dans un moule à cake beurré et enfournez pour 45 min.

Cake jambon cru et figues

PRÉPARATION : **15 MINUTES**
CUISSON : **40 MINUTES**

×4

LISTE DE COURSES

6 figues séchées

3 tranches de jambon cru

3 œufs

10 cl d'huile d'olive

10 cl de lait

200 g de farine
avec levure incorporée

❶ Préchauffez le four à 170 °C (th. 6). Coupez les figues en dés et le jambon en lardons.

❷ Dans un saladier, mélangez les œufs avec l'huile d'olive, le lait, du sel et du poivre. Incorporez la farine, les figues et le jambon.

❸ Versez la pâte dans un moule graissé et enfournez pour 40 min. Sortez du four, laissez tiédir et démoulez.

Cake chèvre-noix sans gluten

PRÉPARATION : **15 MINUTES**
CUISSON : **30 MINUTES**

× 6

LISTE DE COURSES

180 g de farine de riz

1 sachet de levure sans gluten

4 œufs

10 cl de crème fraîche semi-épaisse

200 g de bûche de chèvre

100 g de noix

❶ Préchauffez le four à 160 °C (th. 5/6). Coupez le chèvre en petits morceaux et hachez grossièrement les noix.

❷ Dans un saladier, mélangez la farine de riz, la levure, le chèvre et les noix.

❸ Mélangez les œufs, la crème et 2 cuil. à soupe d'huile d'olive, puis intégrez la première préparation sans trop insister.

❹ Versez dans un moule à cake beurré et enfournez pour 30 min.

Cake chorizo-feta

PRÉPARATION : **15 MINUTES**
CUISSON : **45 MINUTES**

×6

LISTE DE COURSES

180 g de farine
avec levure incorporée

150 g de chorizo

150 g de feta

20 tomates cerise

3 œufs

15 cl de lait

❶ Préchauffez le four à 180 °C (th. 6). Dans un saladier, mélangez les œufs, le lait et 2 cuil. à soupe d'huile d'olive.

❷ Coupez le chorizo et la feta en petits morceaux et mélangez-les avec la farine et les tomates cerise entières. Poivrez et ajoutez la première préparation, mélangez sans insister.

❸ Versez dans un moule à cake beurré et enfournez pour 45 min.

Cake croque-monsieur

PRÉPARATION : **20 MINUTES**
CUISSON : **25 MINUTES**

×6

LISTE DE COURSES

10 tranches de pain de mie

4 tranches de jambon blanc

120 g de comté râpé

50 g de farine

15 cl de crème liquide

1 œuf

❶ Préchauffez le four à 160 °C (th. 5/6). Dans un saladier, mélangez la crème liquide, l'œuf et le comté râpé.

❷ Tapissez le fond et les côtés d'un moule à cake beurré de pain de mie, ajoutez du jambon, le mélange à la crème et terminez par du pain de mie.

❸ Répétez l'opération pour remplir le moule, en terminant par une couche de crème et enfournez pour 25 min.

Cake gouda, cumin et ciboulette

PRÉPARATION : **15 MINUTES**
CUISSON : **45 MINUTES**

×6

LISTE DE COURSES

200 g de farine
avec levure incorporée

200 g de gouda

1 cuil. à soupe de cumin
en poudre

3 œufs

15 cl de vin blanc

1 botte de ciboulette

❶ Préchauffez le four à 180 °C (th. 6). Dans un saladier, mélangez les œufs, le vin blanc et 4 cuil. à soupe d'huile d'olive.

❷ Coupez le gouda en petits cubes. Lavez et ciselez la ciboulette.

❸ Mélangez le cumin, le gouda et la ciboulette avec la farine. Salez et poivrez. Intégrez la première préparation et mélangez sans insister.

❹ Versez dans un moule à cake beurré et enfournez pour 45 min.

Cake invisible aux pommes de terre

PRÉPARATION : **15 MINUTES**
CUISSON : **45 MINUTES**

× 6

LISTE DE COURSES

200 g de pommes de terre

80 g de farine
avec levure incorporée

½ oignon

3 œufs

10 cl de lait

❶ Préchauffez le four à 180 °C (th. 6). Pelez et coupez les pommes de terre et le demi-oignon en rondelles très fines. Réservez.

❷ Dans un saladier, mélangez les œufs, la farine, le lait et 2 cuil. à soupe d'huile d'olive.

❸ Incorporez les pommes de terre et l'oignon à la préparation. Salez et poivrez.

❹ Versez dans un moule à cake beurré et enfournez pour 45 min.

Cake poulet, bacon et estragon

PRÉPARATION : **15 MINUTES**
CUISSON : **55 MINUTES**

× 6

LISTE DE COURSES

200 g de farine
avec levure incorporée

250 g de poulet

150 g de bacon

5 brins d'estragon

3 œufs

15 cl de crème liquide

❶ Préchauffez le four à 180 °C (th. 6). Coupez le poulet et le bacon en morceaux et faites-les cuire dans une poêle environ 10 min, puis laissez tiédir.

❷ Dans un saladier, mélangez les œufs, la crème et 4 cuil. à soupe d'huile d'olive. Rincez et ciselez l'estragon.

❸ Mélangez le poulet, le bacon et l'estragon avec la farine. Salez et poivrez, ajoutez la première préparation et mélangez sans insister.

❹ Versez dans un moule à cake beurré et enfournez pour 45 min.

Cake courgette et feta

PRÉPARATION : **10 MINUTES**
CUISSON : **45 MINUTES**

×6

LISTE DE COURSES

1 courgette

200 g de feta

150 g de farine avec levure incorporée

3 œufs

12,5 cl de lait

10 cl d'huile d'olive

❶ Préchauffez le four à 180 °C (th. 6). Lavez et râpez la courgette.

❷ Dans un saladier, mélangez la farine, les œufs, l'huile d'olive et le lait. Salez et poivrez.

❸ Ajoutez la courgette râpée, la feta en morceaux et mélangez bien.

❹ Versez le tout dans un moule à cake et enfournez pour 45 minutes.

Cake noisettes, chèvre et jambon

PRÉPARATION : **15 MINUTES**
CUISSON : **35 MINUTES**

×6

LISTE DE COURSES

4 tranches de jambon fumé

1 bûche de chèvre

100 g de noisettes

160 g de farine
avec levure incorporée

4 œufs

10 cl de crème fraîche
semi-épaisse

❶ Préchauffez le four à 180 °C (th. 6). Détaillez le jambon et le chèvre en morceaux.

❷ Dans un saladier, mélangez la farine, les œufs, puis incorporez la crème et 2 cuil. à soupe d'huile d'olive.

❸ Intégrez dans la pâte le jambon, le chèvre, les noisettes entières, une pincée de sel et de poivre.

❹ Versez la pâte dans un moule à cake, puis enfournez pour 35 minutes.

Cake pruneaux-lardons sans gluten

PRÉPARATION : **15 MINUTES**
CUISSON : **30 MINUTES**

×4

LISTE DE COURSES

180 g de farine de riz

1 sachet de levure sans gluten

4 œufs

10 cl de crème fraîche semi-épaisse

200 g de lardons sans gluten

100 g de pruneaux dénoyautés

❶ Préchauffez le four à 180 °C (th. 6). Faites dorer les lardons dans une poêle à feu vif sans matière grasse.

❷ Dans un saladier, mélangez la farine de riz, la levure, les œufs, la crème et 2 cuil. à soupe d'huile d'olive.

❸ Intégrez dans la pâte les lardons, les pruneaux coupés en morceaux, salez et poivrez.

❹ Versez dans un moule à cake et enfournez pour 30 min.

Cake tomates confites et tapenade

PRÉPARATION : **15 MINUTES**
CUISSON : **40 MINUTES**

×4

LISTE DE COURSES

200 g de farine
avec levure intégrée

3 œufs

10 cl de lait frais entier

10 cl d'huile d'olive

200 g de tomates confites

50 g de tapenade verte

❶ Préchauffez le four à 180 °C (th. 6). Égouttez les tomates confites.

❷ Dans un saladier, mélangez les œufs avec l'huile d'olive, le lait, du sel et du poivre.

❸ Incorporez la farine, la tapenade et les tomates confites.

❹ Versez la pâte dans un moule graissé et enfournez pour 40 min. Sortez du four, laissez tiédir et démoulez.

Pizzas

Pizza jambon fumé et roquette

PRÉPARATION : **10 MINUTES**
CUISSON : **20 MINUTES**

×4

LISTE DE COURSES

1 pâte à pizza

6 tranches de jambon fumé

200 g de coulis de tomates

50 g de roquette

1 boule de mozzarella

huile d'olive

❶ Préchauffez le four à 240 °C (th. 8). Étalez la pâte à pizza.

❷ Étalez le coulis de tomates en laissant 1 cm libre sur les bords, ajoutez la mozzarella coupée en morceaux et enfournez pour 20 minutes.

❸ Coupez les tranches de jambon en deux, puis répartissez-les sur la pizza cuite, avec la roquette et un filet d'huile d'olive.

Pizza champignons et mozzarella

PRÉPARATION : **10 MINUTES**
CUISSON : **15 minutes**

×4

LISTE DE COURSES

1 pâte à pizza

150 g de crème fraîche

2 boules de mozzarella

200 g de champignons de Paris

10 olives noires

5 brins de thym

❶ Préchauffez le four à 200 °C (th. 7). Étalez la pâte, ajoutez la crème en laissant 1 cm de bord libre autour.

❷ Ajoutez la mozzarella coupée en tranches.

❸ Émincez les champignons et répartissez-les sur la pizza, avec le thym émietté et les olives noires.

❹ Enfournez pour 15 minutes.

Pizza aux 3 tomates

PRÉPARATION : **10 MINUTES**
CUISSON : **15 MINUTES**

×4

LISTE DE COURSES

1 pâte à pizza

3 tomates
de différentes couleurs

150 g de coulis de tomates

150 g mozzarella râpée

2 brins de basilic

❶ Préchauffez le four à 200 °C (th. 7). Étalez la pâte, ajoutez le coulis de tomates en laissant 1 cm de bord libre autour.

❷ Lavez et coupez les tomates en tranches, étalez-les sur la pizza.

❸ Ajoutez la mozzarella râpée.

❹ Enfournez pour 15 minutes. Parsemez de feuilles de basilic.

Pizza figues, roquette, jambon de Parme

PRÉPARATION : **10 MINUTES**
CUISSON : **20 MINUTES**

×4

LISTE DE COURSES

1 pâte à pizza

100 g de concentré de tomates

3 figues

6 tranches de jambon de Parme

2 poignées de roquette

2 cuil. à soupe d'huile d'olive

❶ Préchauffez le four à 200 °C (th. 7). Étalez la pâte sur un plan de travail fariné et placez-la sur une plaque recouverte de papier sulfurisé.

❷ Nappez de concentré de tomates, ajoutez le jambon de Parme coupé en lamelles, puis les figues coupées en quatre.

❸ Arrosez d'huile d'olive et enfournez pour 20 min. Ajoutez la roquette avant de servir.

Pizza bresaola, épinards, oignons

PRÉPARATION : **10 MINUTES**
CUISSON : **20 MINUTES**

×**4**

LISTE DE COURSES

1 pâte à pizza

8 cl de sauce tomate

2 oignons

150 g de pousses d'épinards

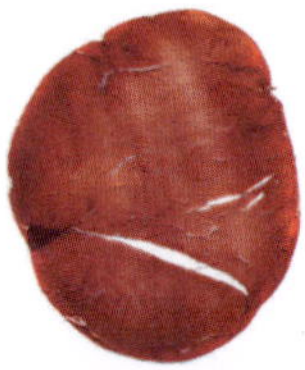

6 tranches de bresaola

50 g de parmesan râpé

❶ Préchauffez le four à 200 °C (th. 7). Étalez la pâte sur un plan de travail fariné et placez-la sur une plaque recouverte de papier sulfurisé.

❷ Épluchez et coupez les oignons en rondelles et faites-les revenir 2 min avec 1 cuil. à soupe d'huile d'olive.

❸ Nappez la pâte à pizza de sauce tomate et d'oignons. Répartissez les feuilles d'épinards grossièrement hachées et la bresaola.

❹ Saupoudrez de parmesan et enfournez pour 20 min.

Pizza chèvre, miel et noix

PRÉPARATION : **20 MINUTES**
CUISSON : **20 MINUTES**

×4

LISTE DE COURSES

1 pâte à pizza

10 cl de crème fraîche épaisse

½ bûche de chèvre

2 cuil. à soupe de miel

60 g de noix

1 cuil. à café d'origan

❶ Préchauffez le four à 180 °C (th. 6). Étalez la pâte sur un plan de travail fariné et placez-la sur une plaque recouverte de papier sulfurisé.

❷ Nappez de crème fraîche et ajoutez le chèvre en tranches et le miel.

❸ Ajoutez les noix et l'origan et enfournez pour 20 min.

❹ À la sortie du four, arrosez d'un filet d'huile d'olive et poivrez.

Pizza aux légumes

PRÉPARATION : **10 MINUTES**
CUISSON : **20 MINUTES**

×4

LISTE DE COURSES

1 pâte à pizza

100 g de tomates concassées

1 courgette

1 poivron jaune

5 brins de thym

une douzaine de feuilles de basilic

❶ Préchauffez le four à 180 °C (th. 6). Étalez la pâte sur un plan de travail fariné et placez-la sur une plaque recouverte de papier sulfurisé.

❷ Lavez et coupez la courgette en rondelles et le poivron en petits dés.

❸ Nappez la pâte de tomates concassées, ajoutez les légumes et le thym effeuillé.

❹ Enfournez pour 20 min puis parsemez de basilic.

Pizza au chou-fleur, roquette et tomates

PRÉPARATION : **15 MINUTES**
CUISSON : **30 MINUTES**

×4

LISTE DE COURSES

400 g de chou-fleur

1 œuf

50 g de parmesan

3 tomates

50 g de tomates séchées

1 poignée de roquette

❶ Préchauffez le four à 180 °C (th. 6). Coupez le chou-fleur en fleurettes et mixez-les pour obtenir une semoule. Ajoutez l'œuf et le parmesan, salez, poivrez et mixez à nouveau pour obtenir une pâte.

❷ Étalez la pâte sur une plaque recouverte de papier sulfurisé et enfournez pour 20 min.

❸ Ajoutez des tranches de tomates et des tomates séchées et enfournez de nouveau pour 10 min.

❹ Arrosez de 1 cuil. à soupe d'huile d'olive et parsemez de feuilles de roquette.

Pizza blanche, oignons, lardons, comté

PRÉPARATION : **15 MINUTES**
CUISSON : **10 MINUTES**

×6

LISTE DE COURSES

2 rouleaux de pâte à pizza

2 oignons blancs ou jaunes

20 cl de crème fraîche à 30 % de MG

200 g de lardons allumettes

150 g de comté râpé

❶ Préchauffez le four à 250 °C (th. 8). Disposez les pâtes à pizza avec leur papier cuisson sur 2 grilles ou lèchefrites. Épluchez et émincez très finement les oignons.

❷ Étalez la crème sur les pâtes en une fine couche. Répartissez dessus les oignons émincés, les lardons et le comté.

❸ Enfournez les pizzas dans la partie supérieure de votre four pour 10 min environ. Lorsque la garniture est bien dorée, sortez et servez immédiatement.

Mini-pizzas d'aubergine

PRÉPARATION : **10 MINUTES**
CUISSON : **20 MINUTES**

×**4**

LISTE DE COURSES

1 aubergine

3 cuil. à soupe
d'huile d'olive

1 brique de coulis
de tomates (20 cl)

1 boule de mozzarella

20 feuilles de basilic

quelques olives noires

❶ Lavez l'aubergine et coupez-la en tranches, disposez-les sur une plaque recouverte de papier cuisson.

❷ Badigeonnez chaque tranche d'huile d'olive, salez.

❸ Couvrez de coulis de tomates et de morceaux de mozzarella. Parsemez d'olives noires.

❹ Enfournez pour 20 minutes à 180 °C (th. 6). Dégustez avec quelques feuilles de basilic.

Mini-pizzas aux poivrons

PRÉPARATION : **20 MINUTES**
CUISSON : **25 MINUTES**
REPOS : **15 MINUTES**

×4

LISTE DE COURSES

130 g de farine de pois chiches

2 cuil. à soupe d'huile d'olive

1 cuil. à café de levure sans gluten

2 poivrons rouges

2 poivrons verts

8 cl de sauce tomate

❶ Mélangez la farine, l'huile d'olive, la levure, 15 cl d'eau, 1 cuil. à café de sel et laissez reposer 15 min.

❷ Faites chauffer une petite poêle huilée et versez des ronds de pâte de 5 cm de diamètre dessus, puis faites cuire 5 min, jusqu'à ce que la pâte fasse des bulles.

❸ Préchauffez le four à 180 °C (th. 6). Lavez et coupez les poivrons en lamelles.

❹ Sur une plaque, étalez la sauce tomate sur la pâte, répartissez les poivrons coupés en lamelles et enfournez pour 20 min.

Desserts

Cake à la banane sans gluten

PRÉPARATION : **15 MINUTES**
CUISSON : **30 MINUTES**

×6

LISTE DE COURSES

4 bananes

100 g de sucre roux

80 g de fécule de pomme de terre

3 œufs

150 g de yaourt nature

100 g de beurre

❶ Préchauffez le four à 180 °C (th. 6). Séparez les blancs des jaunes d'œufs.

❷ Mélangez le beurre mou et le sucre pendant 2 min avec un batteur électrique. Ajoutez les jaunes d'œufs et battez à nouveau 1 min.

❸ Épluchez et écrasez les bananes, ajoutez-les à la préparation. Versez le yaourt et mélangez 1 min, puis la fécule et mélangez. Battez les blancs en neige et incorporez-les délicatement.

❹ Versez dans un moule à cake beurré et enfournez pour 30 min.

Cake au citron sans gluten

PRÉPARATION : **10 MINUTES**
CUISSON : **30 MINUTES**

×6

LISTE DE COURSES

220 g de fécule de maïs

100 g de sucre en poudre

le jus de 2 citrons

1 sachet de levure sans gluten

3 œufs

120 g de beurre

❶ Préchauffez le four à 160 °C (th. 5/6). Dans un saladier, mélangez la fécule de maïs, la levure et le sucre.

❷ Ajoutez le jus de citron, les œufs et le beurre fondu. Mélangez avec une cuillère en bois.

❸ Versez dans un moule à cake beurré et fariné, puis enfournez pour 30 min.

Cake citron-pavot

PRÉPARATION : **10 MINUTES**
CUISSON : **40 MINUTES**

×6

LISTE DE COURSES

150 g de farine
avec levure incorporée

150 g de sucre

3 œufs

150 g de beurre

2 cuil. à soupe de graines
de pavot

1 citron bio

❶ Préchauffez le four à 160 °C (th. 5/6). Prélevez les zestes du citron avec un zesteur ou un économe.

❷ Mélangez le beurre mou et le sucre avec un batteur électrique pendant 2 min. Ajoutez les œufs, puis le jus du citron et battez encore 2 min.

❸ Mélangez les graines de pavot, les zestes du citron et la farine. Intégrez à la première préparation et mélangez sans insister.

❹ Versez dans un moule à cake beurré et enfournez pour 40 min.

Cake aux fruits rouges et au lait de coco

PRÉPARATION : **15 MINUTES**
CUISSON : **45 MINUTES**

×6

LISTE DE COURSES

200 g de farine
avec levure incorporée

120 g de sucre glace

150 g de fruits rouges

3 œufs

15 cl de lait de coco

80 g de beurre demi-sel

❶ Préchauffez le four à 160 °C (th. 5/6).

❷ Mélangez le beurre mou et le sucre glace pendant 2 min avec un batteur électrique. Ajoutez les œufs et battez à nouveau 2 min. Versez le lait de coco et battez 1 min.

❸ Mélangez les fruits rouges et la farine. Intégrez à la première préparation et mélangez sans insister.

❹ Versez dans un moule à cake beurré et enfournez pour 45 min.

Cake aux fruits secs

PRÉPARATION : **15 MINUTES**
CUISSON : **45 MINUTES**

×6

LISTE DE COURSES

180 g de farine
avec levure incorporée

150 g de fruits secs
(abricots, raisins, pistaches...)

3 œufs

5 cl de lait

100 g de beurre

100 g de miel

❶ Préchauffez le four à 160 °C (th. 5/6).

❷ Mélangez le beurre mou et le miel avec un batteur électrique pendant 2 min. Ajoutez les œufs et mélangez encore 2 min. Versez le lait et battez 1 min.

❸ Mélangez les fruits secs grossièrement hachés avec la farine, puis intégrez sans trop mélanger à la première préparation.

❹ Versez dans un moule à cake beurré et enfournez pour 45 min.

Cake marbré

PRÉPARATION : **15 MINUTES**
CUISSON : **45 MINUTES**

× 6

LISTE DE COURSES

175 g de farine
avec levure incorporée

125 g de sucre

125 g de beurre

3 œufs

1 sachet de sucre vanillé

1 cuil. à soupe de cacao
en poudre

❶ Préchauffez le four à 180 °C (th. 6).

❷ Mélangez le beurre mou, le sucre et le sucre vanillé pendant 2 min avec un batteur électrique. Ajoutez les œufs et mélangez à nouveau 1 min.

❸ Intégrez la farine et mélangez sans insister. Divisez la pâte en 2 et ajoutez le cacao dans une pâte, mélangez légèrement.

❹ Versez les préparations en alternance dans un moule à cake beurré et enfournez pour 45 min.

Cake aux pommes

PRÉPARATION : **15 MINUTES**
CUISSON : **30 MINUTES**

×4

LISTE DE COURSES

2 pommes golden

200 g de farine

4 œufs

200 g de beurre demi-sel

150 g de sucre cassonade

1 sachet de levure chimique

❶ Préchauffez le four à 170 °C (th. 6). Faites fondre le beurre quelques secondes au micro-ondes.

❷ Dans un saladier, mélangez le sucre, la farine et la levure. Ajoutez sans cesser de remuer le beurre, puis les œufs un à un.

❸ Versez la pâte dans un moule à gâteau antiadhésif. Épluchez les pommes, coupez-les en quartiers et retirez les cœurs. Émincez-les finement et disposez sur le gâteau en cercle. Enfournez pour 30 min.

❹ Sortez du four, laissez tiédir avant de démouler.

Carrot cake

PRÉPARATION : **15 MINUTES**
CUISSON : **30 MINUTES**
REPOS : **30 MINUTES**

×6

LISTE DE COURSES

2 grosses carottes

210 g de farine
avec levure incorporée

200 g de sucre roux

2 cuil. à café de cannelle
en poudre

20 cl d'huile
de pépins de raisin

150 g de compote
de pommes

❶ Préchauffez le four à 180 °C (th. 6).

❷ Lavez, épluchez et râpez les carottes. Laissez-les dégorger dans du papier absorbant.

❸ Dans un saladier, mélangez la farine, le sucre et la cannelle. Incorporez l'huile petit à petit. Ajoutez les carottes râpées et la compote. Mélangez.

❹ Versez la préparation dans un moule huilé. Enfournez pour 30 min. Laissez refroidir 30 min avant de démouler.

Tarte à la banane et aux cacahuètes

PRÉPARATION : **10 MINUTES**
CUISSON : **30 MINUTES**

×6

LISTE DE COURSES

1 pâte brisée du commerce ou maison

20 g de beurre

50 g de beurre de cacahuètes

3 œufs

30 g de sucre roux

3 bananes

❶ Préchauffez le four à 180 °C (th. 6). Garnissez un moule à tarte de pâte brisée. Recouvrez-la de papier sulfurisé et de haricots secs. Enfournez pour 20 min.

❷ Faites fondre le beurre, puis incorporez-le au beurre de cacahuètes.

❸ Dans un autre saladier, fouettez les œufs avec le sucre pendant 2 min. Incorporez cette préparation dans celle aux cacahuètes.

❹ Versez la pâte sur le fond de tarte. Épluchez et coupez les bananes en rondelles. Disposez-les joliment sur la préparation. Enfournez pour 10 min.

Tarte à la citrouille

PRÉPARATION : **20 MINUTES**
CUISSON : **50 MINUTES**

×6

LISTE DE COURSES

400 g de potimarron

1 pâte brisée sucrée
du commerce ou maison

2 œufs

80 g de sucre

15 cl de crème liquide

50 g d'amandes

❶ Épluchez, épépinez et taillez le potimarron en gros dés. Faites-le cuire 20 min dans une casserole d'eau bouillante. Retirez du feu, laissez refroidir et mixez.

❷ Préchauffez le four à 180 °C (th. 6). Placez la pâte brisée dans un moule à tarte.

❸ Dans un saladier, battez les œufs avec le sucre. Incorporez la crème liquide puis la purée de potimarron.

❹ Versez la préparation sur le fond de tarte. Concassez les amandes et parsemez-en la tarte. Enfournez pour 30 min.

Tarte à la rhubarbe

PRÉPARATION : **15 MINUTES**
CUISSON : **30 MINUTES**

×6

LISTE DE COURSES

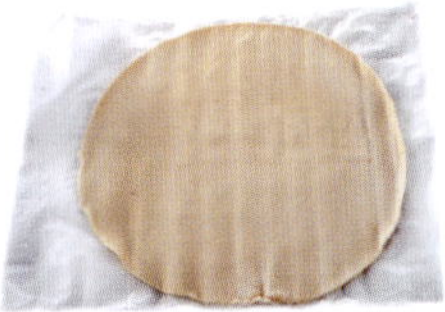
1 pâte à tarte sucrée

800 g de rhubarbe

2 œufs

150 g de sucre

15 cl de crème fraîche

❶ Préchauffez le four à 180 °C (th. 6). Placez la pâte brisée dans un moule à tarte.

❷ Épluchez la rhubarbe et coupez-la en petits tronçons de 5 cm. Disposez-les en étoile sur la pâte.

❸ Dans un saladier, battez les œufs, le sucre et la crème. Versez sur la rhubarbe.

❹ Enfournez pour 30 min.

Tarte amandine

PRÉPARATION : **10 MINUTES**
CUISSON : **30 MINUTES**

×6

LISTE DE COURSES

1 pâte brisée sucrée
du commerce ou maison

500 g de poires au sirop

100 g de beurre ramolli

100 g de sucre

2 œufs

100 g de poudre d'amandes

❶ Préchauffez le four à 180 °C (th. 6).

❷ Garnissez un moule à tarte de pâte brisée. Égouttez et coupez les poires en grosses lamelles.

❸ Dans un saladier, mélangez le beurre avec le sucre. Incorporez les œufs puis la poudre d'amandes.

❹ Versez la crème d'amandes sur le fond de tarte. Disposez joliment les poires dessus. Enfournez pour 30 min.

Tarte au chocolat

PRÉPARATION : **10 MINUTES**
CUISSON : **35 MINUTES**

×6

LISTE DE COURSES

1 pâte brisée sucrée
du commerce ou maison

200 g de chocolat noir

30 cl de crème liquide

70 g de sucre

2 œufs

❶ Préchauffez le four à 180 °C (th. 6).

❷ Garnissez un moule à tarte de pâte brisée. Recouvrez-la de papier sulfurisé et de haricots secs. Enfournez pour 20 min.

❸ Faites fondre le chocolat dans une casserole à feu très doux, en remuant souvent. Incorporez successivement et au fouet le sucre, les œufs et la crème.

❹ Versez la crème au chocolat sur le fond de tarte. Enfournez pour 15 min.

Tarte au chocolat praliné sans cuisson

PRÉPARATION : **15 MINUTES**
RÉFRIGÉRATION : **2 HEURES**

×6

LISTE DE COURSES

200 g de biscuits sablés

50 g de beurre

200 g de chocolat au lait praliné

20 cl de crème liquide

❶ Faites fondre le beurre. Écrasez les biscuits puis mélangez-les au beurre fondu.

❷ Étalez le fond de pâte dans un moule à tarte en tassant bien. Placez 1 h au réfrigérateur.

❸ Faites fondre le chocolat praliné avec la crème dans une casserole à feu très doux, en remuant souvent.

❹ Versez la crème sur le fond de tarte. Placez de nouveau 1 h au réfrigérateur.

Tarte au citron

PRÉPARATION : **10 MINUTES**
CUISSON : **30 MINUTES**

×6

LISTE DE COURSES

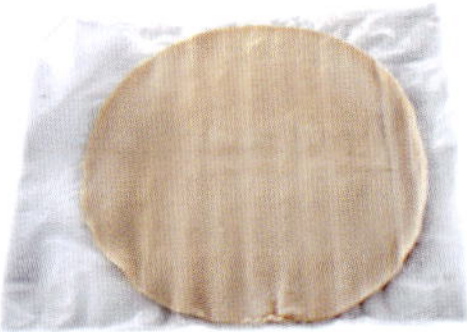

1 pâte à tarte sucrée

le jus de 2 citrons

80 g de beurre

130 g de sucre

2 œufs

❶ Préchauffez le four à 180 °C (th. 6). Placez la pâte brisée dans un moule à tarte.

❷ Dans un saladier, battez les œufs et le sucre jusqu'à obtention d'un mélange mousseux. Ajoutez le beurre fondu, puis le jus de citron.

❸ Répartissez le mélange sur la pâte et enfournez pour 30 min.

Tarte au citron meringuée super simple

PRÉPARATION : **10 MINUTES**
CUISSON : **20 MINUTES**

×6

LISTE DE COURSES

1 pâte brisée

400 g de lait concentré sucré

3 œufs

le jus de 2 citrons

❶ Préchauffez le four à 200 °C (th. 7). Mélangez le lait concentré sucré avec les jaunes d'œufs et le jus des citrons.

❷ Battez les blancs d'œufs en neige avec un batteur électrique.

❸ Placez la pâte brisée dans un moule à tarte, versez la préparation au citron dessus, puis recouvrez des blancs en neige à l'aide d'une fourchette.

❹ Enfournez pour 20 minutes.

Tarte aux fraises

PRÉPARATION : **15 MINUTES**
CUISSON : **20 MINUTES**

×6

LISTE DE COURSES

1 pâte sablée du commerce ou maison

500 g de fraises

500 g de crème pâtissière

❶ Préchauffez le four à 180 °C (th. 6).

❷ Garnissez un moule à tarte de pâte sablée. Recouvrez-la de papier sulfurisé et de haricots secs. Enfournez pour 20 min. Laissez refroidir.

❸ Lavez, équeutez et coupez les fraises en deux.

❹ Étalez la crème pâtissière sur le fond de tarte. Disposez joliment les fraises dessus.

Tarte aux fraises et au chocolat blanc

PRÉPARATION : **15 MINUTES**
CUISSON : **20 MINUTES**

×6

LISTE DE COURSES

1 pâte à tarte sucrée

500 g de fraises

200 g de chocolat blanc

20 cl de crème fraîche épaisse

20 g de sucre glace

200 g de haricots secs

❶ Préchauffez le four à 180 °C (th. 6). Placez la pâte brisée dans un moule à tarte. Recouvrez-la de papier sulfurisé et de haricots secs. Enfournez pour 20 min.

❷ Concassez le chocolat. Portez la crème à ébullition puis ajoutez le chocolat hors du feu et remuez jusqu'à obtenir un mélange homogène.

❸ Laissez refroidir, puis étalez la ganache sur la pâte.

❹ Disposez les fraises coupées en deux. Saupoudrez de sucre glace.

Tarte aux myrtilles

PRÉPARATION : **10 MINUTES**
CUISSON : **30 MINUTES**

× 6

LISTE DE COURSES

1 pâte sablée du commerce ou maison

500 g de myrtilles

25 cl de crème liquide

80 g de sucre

3 œufs

5 spéculoos

❶ Préchauffez le four à 200 °C (th. 6-7). Garnissez un moule à tarte de pâte sablée. Rincez les myrtilles.

❷ Écrasez les spéculoos et couvrez-en le fond de tarte. Étalez les myrtilles dessus. Enfournez pour 15 min.

❸ Sortez le moule du four et baissez la température à 180 °C (th. 6).

❹ Dans un saladier, mélangez les œufs, le sucre et la crème. Versez le tout sur les myrtilles. Enfournez de nouveau pour 15 min.

Tarte aux noix

PRÉPARATION : **10 MINUTES**
CUISSON : **30 MINUTES**

×6

LISTE DE COURSES

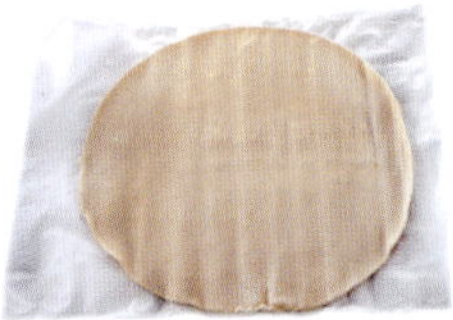

1 pâte brisée

350 g de cerneaux de noix

2 œufs

120 g de sucre

1 sachet de sucre vanillé

20 cl de crème liquide

❶ Préchauffez le four à 180 °C (th. 6) et mixez grossièrement 300 g de noix.

❷ Mélangez les œufs avec les sucres, puis avec la crème et les noix concassées.

❸ Étalez la pâte sur un moule à tarte et versez-y la préparation.

❹ Répartissez les cerneaux de noix restants sur le dessus de la tarte et enfournez pour 30 minutes.

Tarte aux pommes

PRÉPARATION : **20 MINUTES**
CUISSON : **25 MINUTES**

×6

LISTE DE COURSES

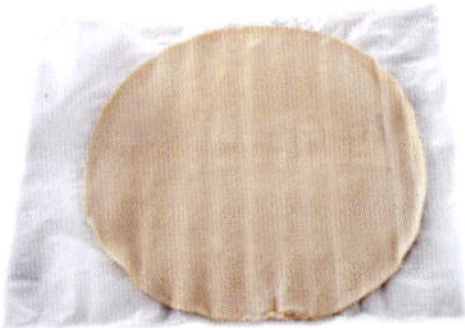

1 pâte feuilletée

5 pommes

500 g de compote de pommes

1 sachet de sucre vanillé

1 cuil. à café de cannelle

❶ Préchauffez le four à 200 °C (th. 7) et épluchez les pommes avant de les couper en tranches fines.

❷ Étalez la pâte sur un moule à tarte, piquez-la à l'aide d'une fourchette et étalez la compote de pommes.

❸ Déposez les pommes en superposant les tranches et en commençant par le tour extérieur.

❹ Saupoudrez de sucre et de cannelle puis enfournez pour 25 minutes.

Tarte aux pommes sans gluten

PRÉPARATION : **30 MINUTES**
REPOS : **1 HEURE**
CUISSON : **25 MINUTES**

×6

LISTE DE COURSES

80 g de farine de riz

80 g de farine de sarrasin

20 g de sucre en poudre

100 g de beurre mou

5 pommes

150 g de compote de pommes

❶ Préchauffez le four à 180 °C (th. 6). Mélangez les farines, 1 pincée de sel et incorporez le beurre en pétrissant avec les mains ou au robot. Filmez la pâte et laissez-la reposer 1 h à température ambiante.

❷ Pelez et coupez les pommes en lamelles. Étalez la pâte et placez-la sur une plaque recouverte de papier cuisson.

❸ Étalez la compote de pommes sur la pâte, puis disposez les lamelles de pommes par-dessus. Rabattez les bords de la pâte vers le centre.

❹ Enfournez pour 25 min.

Tarte façon linzertorte

PRÉPARATION : **15 MINUTES**
CUISSON : **30 MINUTES**

×6

LISTE DE COURSES

2 pâtes sablées du commerce ou maison

50 g de poudre de noisettes

1 cuil. à soupe de cacao en poudre

150 g de gelée de groseilles

1 œuf

❶ Préchauffez le four à 150 °C (th. 5).

❷ Étalez les pâtes sablées. Parsemez-les de poudre de noisettes et de cacao. Faites pénétrer à l'aide d'un rouleau à pâtisserie.

❸ Garnissez un plat à tarte beurré d'une pâte sablée. Découpez des bandes de 1,5 cm de large dans la deuxième.

❹ Étalez la gelée de groseilles sur le fond de tarte. Disposez les bandes de pâte pour former des croisillons dessus. Badigeonnez-les d'œuf battu et enfournez pour 30 min.

Tarte normande aux pommes

PRÉPARATION : **15 MINUTES**
CUISSON : **30 MINUTES**

×6

LISTE DE COURSES

1 pâte à tarte sucrée

4 pommes

3 œufs

150 g de sucre

20 cl de crème fraîche

3 cl de calvados

❶ Préchauffez le four à 180 °C (th. 6). Placez la pâte brisée dans un moule à tarte.

❷ Lavez et coupez les pommes en gros morceaux. Disposez-les sur le fond de tarte.

❸ Dans un saladier, battez les œufs et le sucre jusqu'à ce que le mélange blanchisse. Ajoutez la crème et le calvados. Mélangez. Versez sur les pommes.

❹ Enfournez pour 30 min.

Tarte poire-chocolat

PRÉPARATION : **15 MINUTES**
CUISSON : **30 MINUTES**

×6

LISTE DE COURSES

1 pâte à tarte sucrée

200 g de chocolat noir

4 poires

2 œufs

150 g de sucre

3 cuil. à soupe
de crème fraîche

❶ Préchauffez le four à 180 °C (th. 6). Placez la pâte brisée dans un moule à tarte.

❷ Pelez et coupez les poires en lamelles.

❸ Faites fondre le chocolat dans une casserole à feu très doux en remuant souvent. Versez-le sur la pâte. Répartissez les poires sur le chocolat.

❹ Dans un saladier, battez les œufs, le sucre et la crème. Versez sur les poires. Enfournez pour 30 min.

Mini-tartes sablées aux framboises

PRÉPARATION : **5 MINUTES** ×2

LISTE DE COURSES

6 petits sablés bretons

200 g de framboises

1 bombe de chantilly à la vanille

quelques feuilles de menthe ou de mélisse

❶ Répartissez une couche de chantilly d'½ cm sur les sablés.

❷ Disposez dessus les framboises en rosace, en les serrant bien les unes contre les autres.

❸ Décorez d'1 feuille de menthe ou de mélisse et servez aussitôt.

Tartelettes express aux fruits rouges

PRÉPARATION **: 20 MINUTES** ×6

LISTE DE COURSES

4 tranches de quatre-quarts

1 cuil. à soupe de fromage à tartiner

10 cl de crème entière liquide

1 cuil. à soupe de sucre glace et 1 cuil. à café pour la déco.

180 g de fruits rouges

❶ Découpez 4 épaisses tranches de quatre-quarts.

❷ Fouettez le fromage à tartiner et la crème pour obtenir une crème chantilly, puis ajoutez le sucre glace.

❸ Nappez les tranches de quatre-quarts avec la crème.

❹ Répartissez les fruits rouges et saupoudrez de sucre glace.

Tartelettes aux pommes et aux amandes

PRÊT EN 5 MINUTES ×6

LISTE DE COURSES

10 grandes galettes St Michel®

4 pommes

20 g de cassonade

125 g de purée d'amandes non sucrée

❶ Épluchez les pommes et taillez-les en tranches.

❷ Tartinez 6 galettes de purée d'amandes.

❸ Disposez dessus les pommes, parsemez d'un peu de cassonade et du reste des galettes émiettées.

Tarte soleil aux fruits rouges et pralines roses

PRÉPARATION : **10 MINUTES**
CUISSON : **30 MINUTES**

×8

LISTE DE COURSES

50 g de pralines roses

40 g de fraises

40 g de framboises

40 g de myrtilles

2 cuil. à soupe de sucre roux

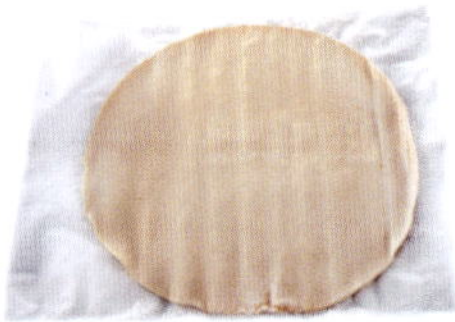

2 pâtes feuilletées

❶ Préchauffez le four à 180 °C (th. 6). Concassez les pralines.

❷ Rincez les fruits. Équeutez et coupez les fraises en deux. Mixez les fruits rouges au robot avec le sucre.

❸ Déroulez une pâte feuilletée sur une plaque recouverte de papier sulfurisé. Étalez la purée de fruits rouges dessus en laissant une réserve sur le bord. Parsemez de pralines concassées.

❹ Recouvrez de la deuxième pâte en soudant bien les bords. Posez un verre au centre de la pâte et faites des entailles depuis le verre vers l'extérieur. Torsadez les bandes de pâte. Enfournez pour 30 min.

LA PARTIE DES DIX

Les 10 ingrédients indispensables

Du beurre
demi-sel si vous aimez,
mais surtout frais et de qualité

Des œufs
à choisir de plein air de préférence

Du fromage
emmental, comté, roquefort, chèvre…
variez les plaisirs !

De la farine avec levure incorporée
pour faciliter les dosages et le mélange
de la levure dans vos pâtes

Du lait
Préférez-le frais, le goût est vraiment meilleur !

De la crème
épaisse ou liquide selon les recettes

Des légumes frais
et de saison pour équilibrer vos tartes et cakes

De l'huile d'olive
à choisir extra-vierge pour plus de parfum

Des herbes aromatiques
pour donner du goût et de la couleur à vos plats

Des épices
pour voyager !

Les 10 choses à retenir pour réussir vos cakes et vos tartes

❶ Tous les ingrédients doivent être à la même température pour que les cakes et les pâtes à tarte soient réussis.

❷ Pensez à sortir le beurre du réfrigérateur 1 heure avant de préparer la recette afin qu'il soit bien mou. Si vous n'avez pas le temps, coupez-le en gros cubes et passez-le 5 secondes au micro-ondes pour le ramollir (mais il ne doit pas être fondu).

❸ Conservez vos œufs à température ambiante, ils n'ont pas besoin d'être placés au réfrigérateur.

❹ Pour les cakes, mélangez la farine avec les ingrédients coupés (fruits, légumes, fromage) afin qu'ils soient bien répartis dans la pâte à la cuisson et qu'ils ne tombent pas au fond du moule.

❺ Ajoutez toujours la farine à la fin et ne mélangez pas trop à cette étape pour avoir un cake léger et aérien.

❻ Si vous mélangez tous les ingrédients en même temps dans le désordre, vous obtiendrez de toute façon un bon cake. Si vous suivez les étapes, il sera parfait.

❼ Démoulez votre cake immédiatement après la sortie du four et laissez-le refroidir sur une grille.

❽ Si vous ne le mangez pas dans la journée, emballez votre cake dans un film alimentaire, vous pourrez le conserver 3 jours à température ambiante.

INDEX DES RECETTES

TABLE DES RECETTES